중국문화총서3

古代 中國의 四神圖

전호태 지음

UUP

古代 中國의 四神圖

2005년 2월 1일 초판 인쇄
2005년 2월 7일 초판 발행

지은이 전 호 태
발행인 정 정 길
편집인 김 호 연
발행처 UUP(울산대학교출판부)
680-749울산광역시남구무거2동산29번지
☎ 052-259-2488, FAX.277-3011
등록 울산시제20호(1997.7.15)

ISBN 89-7868-871-3

정가 4,500원

古代 中國의 四神圖

책을 열며

중국의 유적, 유물에서 四神이 본격적으로 모습을 드러내는 시기는 漢代이다. 본래 사신은 방위별 수호신으로서의 성격을 지닌 우주적 존재로 청룡은 左(東), 백호는 右(西), 주작은 前(南), 현무는 後(北)를 자신의 자리로 삼는다. 사신의 이러한 성격이 유적, 유물에 반영되는 시기는 前漢末부터이다. 현재까지 漢代나 南北朝時代, 隋唐代와 같이 특정한 시기 및 王朝別로 四神 표현에 초점을 두거나, 이와 관련한 주제에 따라 연구 성과를 낸 사례는 국내외에서 간간이 찾아볼 수 있다. 그러나 한~당대에 걸친 사신 표현 및 인식에 관한 종합적인 연구는 쉽게 찾아보기 어렵다. 여기에는 이 주제에 대한 학문적 관심의 부족에 원인이 있기도 하겠지만, '사신'이라는 연구주제가 지닌 까다로운 측면으로 말미암은 바도 크다. 문헌과 고고미술사적 자료에 대한 포괄적인 정리와 분석이 전제되어야 일정한 연구 성과를 기대할 수 있었던 까닭이다.

이 책에서는 중국 각지에서 발행되는 발굴보고서에 소개된 자료를 중심으로 한~당대 사신 표현의 사례를 찾아 이를 알아보기 쉽게 정리하려 한다. 이 책이 '사신'이라는 주제를 연구하기 위한 1차 자료로 활용 가능하게 하기 위해서이다. 지금까지의 사신 표현 유적, 유물 자료를 정리하여 보면 다음과 같은 시대별 지역별 표현 및 인식의 흐름을 짚어낼 수 있다.

漢~魏晋代의 사신 표현은 지역에 따라 조금씩 偏差를 보인다. 秦漢代 정치, 사회, 문화의 중심으로 기능하던 陝西 및 그 주변 지역에서 사신 개념의 정립 및 표현 시기가 상대적으로 이른 편이다. 섬서 지역의 사신 인식 및 표현에서 눈길을 끄는 것은 四神이 璧과 함께 묘사된다는 사실이다. 璧이 再生의 힘을 지닌 靈物로 여겨졌고, 재생과 長生不死가 구별되지 않았음을 고려하면, 四神은 不死의 문을 지키는 존재로 믿어졌다고 볼 수 있다.

河南지역에서 사신은 별자리와 함께 표현되는 경우가 많다. 사신의 각 신수가 하늘 네 방향 7별자리씩 모두 28별자리를 나타내는 존재로 여겨졌음을 재확인시켜 준다. 後漢代에도 사신은 여전히 고분의 墓門 및 墓室을 장식하는 여러 제재 가운데 하나였다. 山東 및 江蘇 일원에서도 사신은 죽은 이의 내세 삶과 관련된 존재로 표현된다. 漢~魏晋代의 중국에서 죽은 이의 내세는 흔히 仙界로 상정되는데, 산동 지역에서도 이는 마찬가지이다.

四川지역에서는 후한대의 유적, 유물에서 사신 표현이 발견되는 경우가 일반적이다. 사천에서도 사신은 璧과 함께 묘사되는 사례가 많으며, '天門'을 지키는 존재로 표현되고는 한다. 천문 너머의 세계를 주재하는 神은 長生不死를 주관하는 西王母로 상정되므로 사천 지역에서도 사신은 不死의 세계인 仙界의 입구를 지키는 존재이다. 결국 지역별로 사신이 표현되는 방식이나 시기의 차이는 있으나, 漢~魏晋代의 중국에서 사신은 不死의 세계로의 출입구를 지키는 존재로 여겨졌음을 알 수 있다.

南北朝 및 隋唐代의 유적, 유물에서도 사신은 빈번히 나타나지만, 지역과 시기에 따라 표현방식이나 수준, 인식에 차이가 있다. 南朝에서도 사신은 神獸의 하나이다. 남조 특유의 塼墓에서 사신은 흔히 죽은 이를 仙界나 淨土로 인도하는 존재로 표현된다. 漢~魏晋代와 비교할 때, 불교의 淨土가 죽은 이의 내세삶터의 하나로 더해진 점이 다르다. 北朝에서는 前期에는 사신이 石棺이나 묘실에 표현되는 여러 제재 가운데 하나이지만, 후기에는 중심 제재로 비중과 역할이 높아진다. 물론 북조에서도 사신은 죽은 이를 새로운 삶터로 인도하는 존재이다.

隋唐代에도 석관, 묘실, 墓誌 장식에서 사신은 주요한 제재의 하나이다. 그러나 사신의 역할, 비중 등은 앞 시기에 비해 떨어지며, 이에 따라 표현수준도 오히려 정체되거나 낮아진다. 唐代 고분벽화에서 주로 墓道 왼벽과 오른벽에 그려지는 사신은 모습이나 자세에서 이전과 같은 강한 역동성이나 신수로서의 신비감은 자아내지 못하는 존재이다. 비록 묘실, 묘지를 지키는 존재로 상정되고 표현되지만, 표현수준이나 방식으로 볼 때에 唐代 後期에 이르면 사신에 대한 인식과 신앙이 현저히 弱化됨을 짐작할 수 있다. 漢代에 본격화되는 사신에 대한 인식 및 표현이 1,000여년의 시간 동안 변화와 굴절을 겪다가 唐代 後期에 이르면서 형식화하는 것이다.

고대 중국 역사와 문화의 전개양상에 대한 이해는 한국 고대 문화의 흐름과 내용을 제대로 파악하기 위한 주요한 전제조건의 하나이기도 하다. 고대 이래 중국이 장기간 동아시아 문화를 선도하는 역할을 감당했기 때문이다. 최근 고대 중국의 역사와 문화 전반을 소개하는 책자의 출간이 늘어나고 있는 것도 이런 까닭일 것이다. 이 책이 전문가들 뿐 아니라 일반인에게도 고대 중국의 특정한 측면에 대한 이해를 높이는 데에 도움이 되기를 기대한다. 책의 출간을 권유한 김호연교수에게 감사하며, 촉박한 일정에도 불구하고 원고의 정리와 편집에 힘써 준 울산대학교 출판부 직원들에게도 고마움을 전한다.

2005년 1월

문수산 기슭에서 전 호 태.

古代 中國의 四神圖

차례

1. 漢~魏晋代의 사신도

청룡, 백호, 주작, 현무는 四神, 또는 四靈, 四獸를 이루는 神獸들이다. 이들 神獸 가운데 일부가 짝을 이루어 유적, 유물에 등장하는 가장 이른 사례가 중국 河南濮陽西水坡遺址45號墓에서 확인된 용과 호랑이의 형상일 것이다.[1](그림 1) 신석기시대 仰昭文化期의 遺蹟인 이 무덤의 용과 호랑이는 주인공의 屍身 좌우에 조개껍질로 꾸며진 모습으로 나타난다. 左靑龍, 右白虎의 개념에 따른 표현임이 거의 틀림없다. 우리에게 익숙한 四神이라는 개념의 출발점이 최소한 6,500여 년 전까지 거슬러 올라가며, 청룡과 백호가 죽은 이의 새로운 삶터와 관련한 어떤 역할을 맡는 존재로 인식되고 믿어졌음을 짐작하게 한다.[2]

이와 같이 아득한 선사시대부터 그 존재와 능력이 믿어진 두 神獸에 주작과 현무가 더해져 四神으로 완성되는 시기는 언제쯤일까. 이와 관련하여 눈길을 끄는 유적, 유물들 가운데 하나가 前漢 前期에 조성된 陝西西安國棉五廣6號漢墓 출토 銅溫酒爐이다.[3] 酒爐에 四神을 이루는 네 신수, 곧 청룡, 백호, 주작, 현무에 해당하는 용, 호랑이, 새, 거북이 새겨졌기 때문이다. 홍미

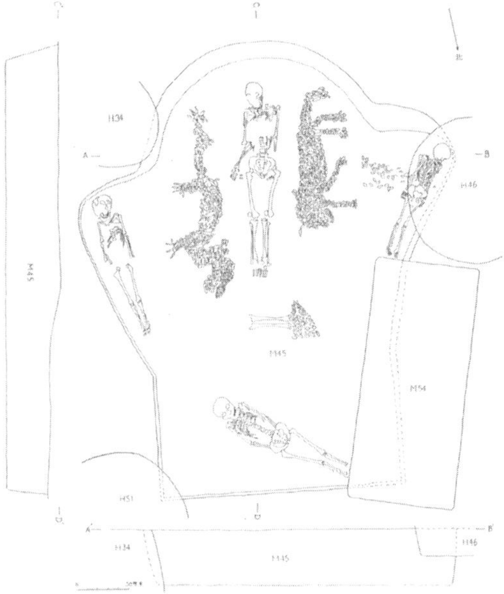

①

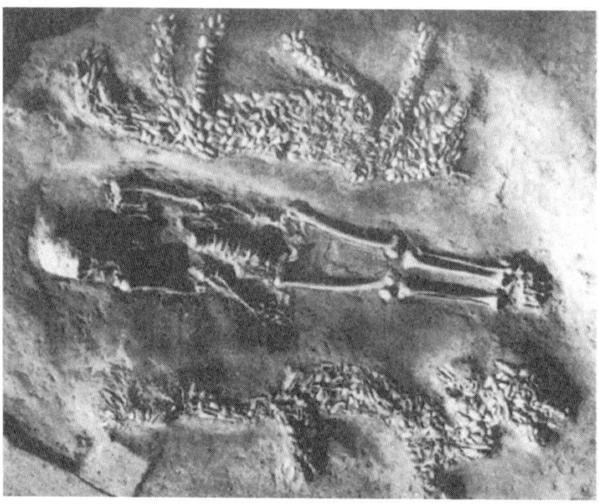

②

그림 1) ① 河南濮陽西水坡遺址45號墓
② ①의 부분

로운 것은 玄武에 해당하는 존재가 엎드린 거북으로만 표현되었다는 사실이다. 초기의 현무는 후대에 널리 알려진 뱀과 거북이 얽힌 모습, 곧 龜蛇交尾型이 아님을 알 수 있다.[4] 그렇다면, 기원전 2세기 중엽 경에도 현무는 인식과 신앙의 대상으로 자리매김 된 존재가 아니었는가. 河南漢陽西水坡遺址45號墓에서 陝西西安國棉五廣6號漢墓에 이르는 4,000여년이라는 긴 시간 동안에도 四神이라는 존재는 완성되지 않았는가. 혹, 현무도 이제 겨우 四神의 일원으로 편입된 존재에 불과했는가.

현재까지 漢代나 南北朝時代, 隋唐代와 같이 특정한 시기 및 王朝別 사신 표현에 초점을 두었거나, 이와 관련한 주제에 따른 연구 성과는 국내외에서 간간이 찾아볼 수 있다.[5] 그러나 한~당대에 걸친 사신 표현 및 인식에 관한 종합적인 연구는 쉽게 찾아보기 어렵다. 여기에는 이 주제에 대한 학문적 관심의 부족에 원인이 있기도 하겠지만, '사신'이라는 연구주제가 지닌 까다로운 측면, 곧 문헌과 고고미술사적 자료에 대한 포괄적인 정리와 분석이 전제되어야 일정한 연구성과를 기대할 수 있다는 연구과정상 예견되는 어려움이 연구자의 접근을 어렵게 한 요인의 하나로 작용하였을 가능성이 높다. 때문에 이 글에서는 중국 각지에서 발행되는 발굴보고서에 소개된 자료를 중심으로 한~당대 사신 표현의 사례를 찾아 이를 일목요연하게 정리함으로써 그 결과물이 '사신'이라는 주제 연구상의 1차 자료로 활용 가능하도록 하며, 자료해석은 가능한 한 자제하고자 한다.[6]

四神에 관한 기사는 漢代의 문헌에서 종종 찾아볼 수 있다.

눈길을 끄는 것은 잘 알려진 문헌 사이에도 사신을 구성하는 신수에 대한 기사 내용에 차이가 있다는 사실이다. 『禮記』에는 '麟鳳龜龍'을 四靈이라고 하여 호랑이 대신 麒麟이 四神의 하나로 거론되지만, 『禮緯』에서는 '龍鳳麟白虎龜'를 '五靈', 곧 '五神'으로 언급한다. 반면, 『三輔黃圖』에서는 '靑龍, 白虎, 朱雀, 玄武'가 '四靈'을 구성하는 신수이다. 사신에 대한 인식의 정립과정이 그리 간단치 않음을 짐작할 수 있다. 그렇다면, 사신의 표현도 그러할까. 이제 사신에 대한 인식과 표현 사이에 어떠한 함수관계가 성립하는지를 알아보기에 앞서 漢~唐代 사신도의 표현 사례를 葬儀美術과 관련된 유적, 유물을 중심으로 지역, 혹은 시기별로 나누어 살펴보고자 한다. 먼저 후대에 비해 지역적 특성이 비교적 잘 드러나는 漢~魏晉代 사신 표현의 사례를 검토해 보기로 하자.[7)]

1) 河南, 河北 일대

河北滿城竇綰墓에서 출토된 銅製薰爐는 하남, 하북, 산서, 요녕 지역의 漢代 유적, 유물 가운데 사신 표현과 관련하여 가장 먼저 살펴보아야 할 유물일 것이다.[8)] 훈로 뚜껑의 장식문에 청룡, 백호, 주작 등 사신을 구성하는 神獸 일부가 보이기 때문이다. 前漢初에 조성된 무덤의 출토유물임을 입증하듯이 뚜껑문양에 현무는 나타나지 않는다. 前漢 中期의 무덤인 河南永城芒山柿園梁王壁畵墓의 경우, 청룡, 백호, 주작이 玄室 천장부에 표현된 하늘세계 구성원의 일부로 나타난다.9) 역시 현무는 보이지 않는다.

그림 2) 河南洛陽金谷園新莽期壁畵墓 玄室天障壁畵

山西, 河南 일원에서 四神을 구성하는 신수가 모두 표현되는 사례는 前漢末 이후의 유적, 유물에서 확인된다. 대표적인 유적의 하나가 河南洛陽金谷園新莽期壁畵墓이다.10) 해와 달, 별자리들과 함께 갖가지 神獸들로 채워진 무덤의 玄室 천장에 청룡, 백호, 주작, 현무가 표현되었으며, 玄室 서벽 상단에 청룡과 백호, 北壁 상단에 현무가 묘사되었다.(그림 2) 천장의 구획된 4개의 칸 가운데 하나에 羽人, 璧 등과 함께 그려진 청룡, 백호, 주작, 현무는 螣蛇, 后土, 地侯 등의 異獸들과 같이 하늘세계를 이루는 여러 존재의 하나이다. 천장의 현무는 龜蛇交尾型으로 그려졌으나, 백호는 자연계 호랑이의 모습 그대로이다. 현실 벽 상단의 구획된 칸마다 배치된 異獸들의 하나인 청룡은 歲星과, 백호는 太白星과 함께 그려져 사신과 별자리와의 관계를 구체적으로 알게 한다.[11] 사신 외에 현실 벽 상단의 구획된 칸에 등장하는 異獸로는 飛廉, 蓐收, 鳳鳥 등이 보인다.

河南唐河針織廠漢畫像石墓에서도 四神은 일부, 혹은 전부가 무덤칸 안에 중복되어 표현된다.[12] 무덤의 南·北主室 천장의 구획된 2줄의 6칸 가운데 北주실쪽 6칸의 한 칸에서는 해와 白虎, 다른 한 칸에서는 청룡, 백호, 주작, 현무가 발견된다.(그림 3) 南主室의 경우, 북벽 門楣에서 청룡과 백호, 묘문 좌우짝 상단에서 雙주작이 확인된다. 北主室 천장의 四神은 해, 七鯉, 長虹 등과 함께 하늘세계를 이루는 주요한 존재들의 하나로 묘사된 경우이다. 청룡과 백호의 등에는 날개가 달렸으며, 현무는 구사교미형이다. 묘문과 남주실 문미의 四神은 묘문을 지키는 존재로 표현된 사례라고 할 수 있다.

墓門을 지키는 존재로 사신을 표현한 사례는 이 지역의 後漢代 石墓畫像에서 비교적 쉽게 찾아볼 수 있다. 河南鄭州元庄鄉梁寨村漢畫像石墓와 河南南陽溧河鄉十里鋪2號漢畫像石墓의 門楣와 묘문 좌우짝 상단에서도 墓門守護者로서의 청룡과 백호 표현을 확인할 수 있다.[13] 梁寨村漢畫像石墓 및 十里鋪2號漢畫像石墓 화상에서도 백호는 여전히 자연계 호랑이의 모습으로 묘사된다. 한편, 山西平陸棗園村에서 발견된 後漢代 壁畫墓의 현실 천장고임벽화에는 해, 달, 별자리와 함께 청룡, 백호, 현무가 등장하지만, 주작은 보이지 않는다.[14] 백호는 여전히 자연계 호랑이의

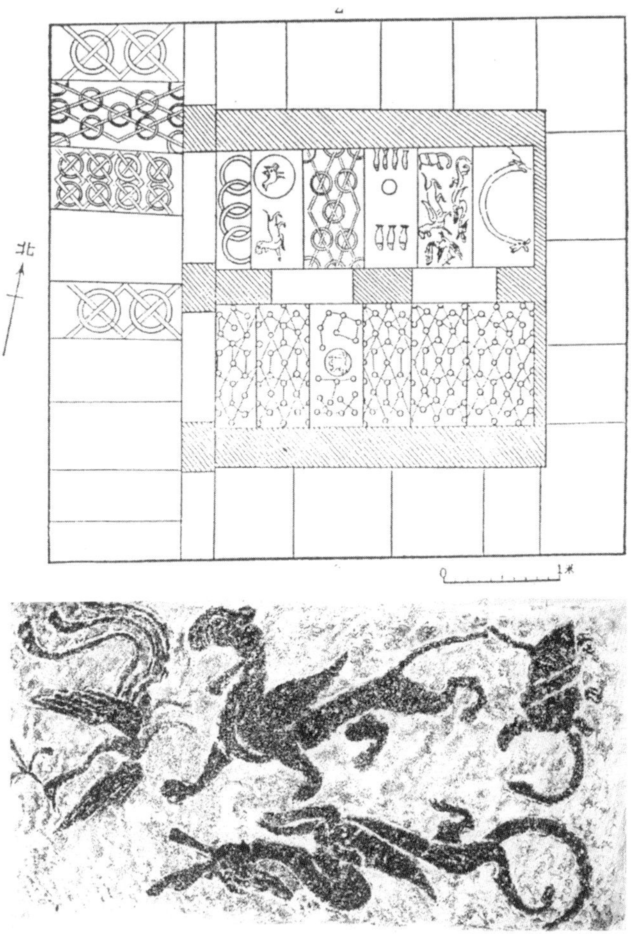

그림 3) ① 河南唐河針織廠漢畫像石墓 南北主室天障畫像
② ①의 부분

모습으로 그려지나, 목이 逆'S'꼴로 비교적 길게 뻗어 변화를 보인다. 앞 시기에 비해 신수로서의 자태를 보다 자연스럽게 드러낸 청룡을 묘사하던 방식이 백호의 표현에도 일정한 영향을 미쳤음을 짐작할 수 있다.[15] 그러나 현무는 자연계에서 쉽게 볼 수 있는 평범한 거북의 모습으로 그려졌을 뿐이다.

山西平陸棗園村漢墓 벽화의 四神 배치와 표현은 산서, 하북, 하남 일원의 경우, 後漢代에도 유적, 유물에 四神의 각 신수가 방위, 방향에 맞추어 일관성 있게 널리 표현되지는 않았으며, 사신에 대한 인식의 수준도 그리 깊지 않았음을 짐작하게 하는 또 다른 사례라고 하겠다. 遼寧朝陽袁台子東晋壁畵墓에 이르면 사신은 각 神獸別 방위, 방향에 맞추어 표현된다.[16] 청룡은 玄室東壁下部에 묘사되었으며, 상부의 수렵도와 짝을 이룬다. 백호는 玄室 西壁下部에 그려졌고, 上部의 進饌圖와 짝을 이룬다. 주작은 남아 있지 않으며, 구사교미형 현무는 玄室 北壁龕上部에서 확인된다. 袁台子東晋壁畵墓의 벽화구성과 배치는 魏晋代에 이르러서야 유적·유물에서 사신에 대한 인식과 표현이 안정적이 됨을 시사한다.

2) 陝西, 甘肅 일대

섬서, 감숙 지역의 漢代 유적, 유물에서 四神 표현이 발견되는 이른 사례로는 3기의 陝西咸陽空心塼漢墓와 무덤에서 출토된 유물 일부를 들 수 있다.[17] 前漢初로 편년되는 이들 무덤 가운데 陝西咸陽空心塼36號漢墓에서는 玄室 東壁과 西壁에서 모두 17매의 四神塼이 발견되었다. 5매의 청룡전, 9매의 백호전, 3매의 주작전에서 神獸들은 거의 예외 없이 璧을 가운데 두고 서로 마주 보고 있으며, 靑龍의 경우 등진 모습도 보인다. 東壁과 西壁에 봉문전, 기하문전 외에는 별다른 문양전이 보이지 않는 것으로 보아 四神은 玄室壁을 장식하는 가장 주요한 제재라고 할 수 있다.

陝西咸陽空心塼36號漢墓에서 출토된 陶壺에는 산봉우리들을 잇달아 그리고, 사이사이에 원숭이, 양, 소, 날개 달린 말, 새 등의 짐승을 배치하였다. 눈길을 끄는 것은 이들 짐승들 가운데 용, 호랑이, 봉황류의 새가 포함되었으며, 鋪首環의 안에 거북이 보인다는 사실이다. 사신 개념 混在의 흔적을 볼 수 있는 부분이다. 陝西咸陽空心塼34號漢墓에서 출토된 陶奩에는 山 사이로 용, 호랑이, 새, 거북만을 나타냈는데, 역시 사신 개념을 바탕으로 한 표현이라고 하겠다.

陝西咸陽空心塼26號漢墓에서는 前面에는 璧을 가운데 둔 雙주작을, 背面에는 雙현무를 나타낸 塼이 수집되었다. 눈길을 끄는 것은 현무가 龜蛇交尾의 모습으로 나타난다는 사실이다.(그림 4) 龜蛇交尾型 玄武가 늦어도 前漢初에는 성립함을 알게 한다. 그러나 구사교미 상태의 뱀과 거북이 아직 머리를 서로에게 향하여 마주보지는 않은 상태이다. 3기의 咸陽空心塼漢墓에서 발견되는 청룡은 하나 같이 등에 지느러미를 지닌 존재로, 백호는 줄무늬에 수염까지 표시된 자연계 호랑이의 모습 그대로 묘사된다. 사신 개념 성립 초기 단계의 이들 신수에 대한 인식을 읽게 하는 부분이다.

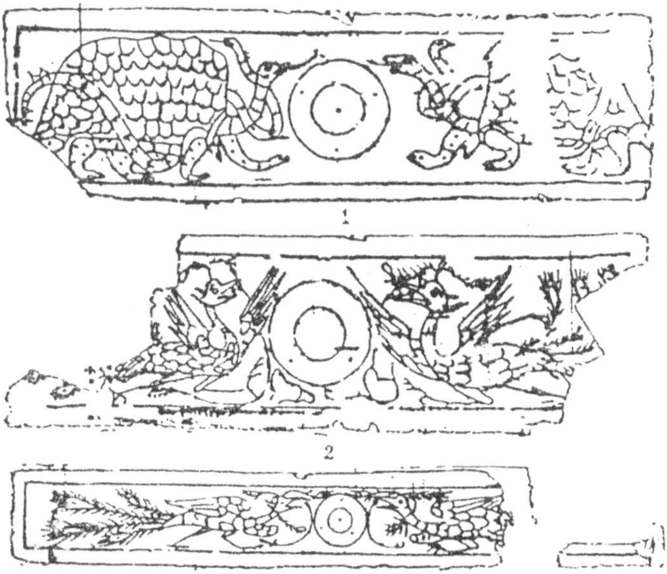

그림 4) 陝西咸陽空心塼26號漢墓出土 玄武·朱雀塼

漢茂陵 및 그 陪塚 부근에서 발견된 塼과 靑玉鋪首의 四神은 위와 같은 흐름을 잇고 있다는 점에서 눈여겨볼 만하다.[18] 白虎文塼, 玄武文塼, 丹鳳文空心塼 및 龍虎文空心塼 등 四神 관련 공심전과 화상전류는 1973년 前漢 武帝의 무덤인 茂陵 동남 약 1km 거리의 瓦礚溝 유적층에서 수습되었다. 玄武文塼의 현무는 뱀과 거북이 얽힌 龜蛇交尾型이나, 塼의 일부가 깨어져 뱀의 머

리가 어느 쪽을 향했는지는 알 수 없다. 1975년 와사구 서쪽 자락에서 수습된 청옥포수에서 四神의 각 神獸는 좌, 우, 전, 후의 방위에 맞추어 浮雕되었다. 이들 사례로 볼 때, 前漢 中期에 이르면 적어도 섬서 일원에서는 청룡, 백호, 주작에 현무를 더한 四神 개념이 어느 정도 자리 잡았음을 미루어 짐작할 수 있다.

고분벽화에 사신이 표현된 사례로 이른 시기의 것으로는 陝西西安交通大學前漢壁畵墓를 들 수 있다.[19] 前漢末에 조성된 것으로 추정되는 이 무덤의 玄室 天障에는 하늘세계의 온갖 존재들이 그려졌는데, 해, 달, 별자리들 사이에 청룡, 백호, 주작, 현무가 각각 左右前後 방향에 맞추어 표현되었다. 청룡, 백호 벽화 부분이 각각 부분적으로만 남아 있으나, 청룡의 등에 지느러미는 보이지 않으며, 백호는 자연계 호랑이의 모습 그대로이다. 표현위치나 동반 제재들로 보아 이 벽화에서 四神은 하늘세계 구성원의 일부라고 할 수 있다.

묘실 벽에 四神이 그려진 사례로는 陝西千陽漢墓 벽화가 있다.[20] 四神鏡이 함께 출토된 무덤의 玄室 동벽에 해와 함께 여러 별자리와 청룡을, 서벽에 달, 별자리와 백호를 그렸다. 현실 벽에 묘사되었다는 점에서 四神이 지닌 의미에 무게를 더할 수 있는 사례이나, 벽화의 다른 제재들이 남아 있지 않아 섣불리 자리매김 하기 어렵다.

섬서지역에서도 사신 표현은 後漢시기에 들어서면서 급격히 증가한다. 특히 눈길을 끄는 것은 陝北 일원에 조성되는 石室墓의 畵像들이다. 綏德, 米脂 등의 화상석묘에서 사신은 墓門을 구성하는 석재들에 주로 표현된다. 후한 초기에는 門의 좌우 짝 위 부분에 한 쌍의 주작을, 아래 부분에 청룡과 백호를, 문의 좌우 기둥돌 아래쪽에 한 쌍의 현무를 나타내는 것이 일반적이다. 陝西綏德后思家溝 출토 畵像石墓門의 화상이 그 전형적인 사례에 해당한다.[21] 그러나 陝西綏德辛店鄉裵家峁村 출토 畵像石墓門에서와 같이 문 좌우짝에 주작, 청룡, 백호는 표현되지만, 문 좌우 기둥돌 하단에 현무가 묘사되지 않는 경우도 있다.[22](그림 5) 裵家峁村 출토 畵像石墓門의 청룡과 백호의 등에는 날개가 달렸다.

그림 5) 陝西綏德辛店鄉裵家峁村出土 畵像石墓門 四神畵像

후한 중기에 들어서면 묘문 하단의 청룡과 백호가 獨角獸로 대체되는 경향을 보인다. 陝西綏德辛店鄉鳴咽泉村 및 陝西米脂党家溝 출토 화상석묘문이 그 대표적인 경우이다.[23] 鳴咽泉村 출토 화상석묘문의 경우, 門框 하단에 구사교미형 현무가 표현되었는데, 뱀과 거북의 머리가 서로를 마주 보고 있다. 후한 말기에는 문 좌우 기둥돌 하단에 간간이 표현되던 玄武도 거의 보이지 않게 되고 문 좌우짝 상단의 주작만 남게 된다. 陝北 석묘 화상의 맥을 이은 山西의 離石 馬茂庄에서 발견되는 一群의 漢畵像石墓 화상에서 이러한 흐름이 잘 나타난다.[24]

後漢末 화상석 등의 표현제재로서 四神의 출현 빈도가 낮아지는 섬서지역과는 달리 甘肅 일대에서는 器物의 표현 주제로 사신이 등장하는 사례들이 발견된다. 甘肅武威雷台漢墓에서 출토된 銅尊과 漆尊의 문양은 이와 관련하여 눈길을 끄는 주요한 사례라고 할 수 있다.[25] 銅尊의 경우, 뚜껑 중앙의 4葉과 그릇 안벽의 중간 띠에 四神이 표현되고 있는데, 神獸들의 모습이 생생하여 실재감을 준다. 漆尊에는 四神이 뚜껑 둘레에 묘사되었으며, 역시 높은 표현 수준을 유지하고 있다.(그림 6) 백호는 자연계 호랑이의 모습에서 탈피하기 시작하여 청룡과 같이 목을 逆'S'자로 구부리고, 꼬리를 길게 늘어뜨렸으며, 구사교미형 현무는 뱀과 거북의 머리가 정확히 서로를 마주 보는 상태이다. 상당한 기간에 걸쳐 사신에 대한 인식이 확대되고 심화된 결과 나타날 수 있는 표현 사례라고 하겠다.

그림 6) 甘肅武威雷台漢墓出土 漆尊 四神文

魏晋, 16國時代에는 감숙일대에 다수의 벽화고분이 출현하면서 四神이 묘실 벽 및 천장고임을 장식하는 주요한 제재의 하나로 빈번히 나타난다. 甘肅酒泉下河淸1號墓에서 청룡과 백호는 묘실 檐壁 남단과 북단에 나타나며,[26] 甘肅酒泉西溝村魏晋5號墓에서는 청룡이 前室 북벽 1층에, 백호가 墓道 4층, 5층, 9층과 전실 북벽 1층에 보인다.[27] 力士와 白虎가 거듭 나타나는 데에서 묘실수호자로서의 이들에게 맡겨진 역할을 짐작할 수 있다. 甘肅民樂八卦營村1號壁畵墓의 경우, 사신의 각 神獸는 전실 네

벽 상단에 방향에 맞추어 배치되었으며, 구름, 해, 산봉우리, 사냥, 兵器 등이 함께 나타난다.[28] 역시 묘실수호자로서의 사신의 역할이 읽혀지는 구성과 배치이다. 甘肅酒泉丁家閘5號墓에서도 사신은 前室 천장고임 동서남북 각 면에 나누어 표현되었다.[29] 해, 달, 구름, 西王母와 崑崙仙界, 羽人 등이 함께 표현되는 점에서 위에서 살펴 본 陝北 한화상석묘 묘문화상의 제재구성 및 배치 전통에 닿아 있다.

3) 山東, 江蘇 일대

四神 표현과 관련하여 산동, 강소, 호남 등 중국 동남지방 漢代 유적, 유물에서 눈길을 끄는 것으로는 湖南長沙馬王堆1號漢墓 출토 帛畵 및 漆棺을 들 수 있다.[30] 前漢시기의 세계관, 우주관을 그림으로 표현한 것으로 이해되는 이 'T'자형 백화에는 아래로부터 위로 세계를 받치는 怪魚, 大蛇, 거북, 올빼미, 龍, 표범, 瑞鳥 등이 차례로 그려졌다.(그림 7) 方位神으로서의 신수 개념을 읽어내기는 곤란하지만, 거북, 용, 표범, 瑞鳥 등이 땅 밑, 땅, 하늘로 이루어진 세계인 우주의 주요한 요소의 하나로 인식되고 있었음을 알게 하는 좋은 사례이다. 漆館의 側板에는 龍, 호랑이, 麒麟, 주작, 神怪 등이 그려졌다. 역시 용, 호랑이, 기린, 주작 등이 주요한 神獸로 여겨졌음을 알 수 있다.

그림 7) 湖南長沙馬王堆1號漢墓出土 帛畵

四神을 이루는 신수들이 나타나는 전한 시기 유적, 유물의 다른 사례로는 山東臨沂金雀山9號漢墓에서 출토된 銘旌을 들 수 있다.[31] 명정 하단의 雙龍 위에 두 마리의 호랑이가 표현되었는데, 이들 용과 호랑이는 무덤주인의 乘仙과 관련된 존재로 해석되고 있다.[32] 山東諸城楊家庄子26號漢墓 출토 목관 底板에는 용과 거북이 등장한다.[33] 흐르는 三色 구름을 배경으로 차례로 그려진 두 마리의 용과 세 마리의 거북의 모습에서 神獸로서의 용과 거북에 대한 특별한 인식을 읽을 수 있다.(그림 8) 구름을 뚫고 좌우로 날아오르려는 듯한 자세인 두 용의 어깨죽지에는 날개가 달려 있다.

그림 8) 山東諸城楊家庄子26號漢墓出土 木棺底板繪畵

이와 같은 일련의 사례 이후 나타나는 것이 山東曲阜東安漢里畫像石槨의 四神畫像이다.[34] 東安漢里畫像石槨의 화상은 사신을 方位神으로 인식하고 표현한 산동, 강소 일원의 가장 이른 사례 가운데 하나이다. 늦어도 新莽期로 편년 되는 석곽의 왼편 석판인 제3석에 청룡, 오른편 석판인 제2석에 백호가 각 1마리 표현되었고, 앞의 석판인 제6석 좌우에 주작, 뒤의 석판인 제7석 좌우에 현무가 각 한 쌍 묘사되었다.

이들 사신과 관련하여 눈길을 끄는 것은 화면에 함께 표현된 존재들이다. 청룡 주변에는 두꺼비, 곰, 새, 토끼가 묘사되었으며, 같은 화면중의 仙人은 용의 꼬리를 잡고 있다. 백호 주변에도 곰, 새, 개, 토끼 등의 짐승이 표현되었고, 주작의 둘레에는 花文이 장식되었다. 현무의 위에는 三枝果를 잡고 있는 仙人이 그려졌다. 또한 각 화면의 둘레는 連續穿璧文으로 장식되었다. 하나 같이 仙界와 관련된 존재들이다. 화면에 중심제재로 등장하는 사신이 죽은 이의 선계 삶과 관련되었음을 미루어 짐작할 수 있다.

그러나 江蘇郫縣彭城相繆宇墓(151년)의 화상에서 잘 나타나듯이 후한 중기에도 사신의 표현 위치는 前後左右라는 일정한 방향, 방위에 매이지 않는다.[35] 彭城相繆宇墓에서는 후실 동벽 남측, 곧 門口 左側 하단에 '朱鳥', '玄武'라는 글자와 함께 주작과 현무를, 門口 左側 상단에 '靑龍'이라는 글자와 함께 청룡을 나타냈다.(그림 9) 彭城相繆宇墓 화상에서 주작은 고니류의 철새와 같이 묘사되었고, 구사교미형 현무에서 뱀은 형식적으로 거북의 몸을 두른 모습이다.

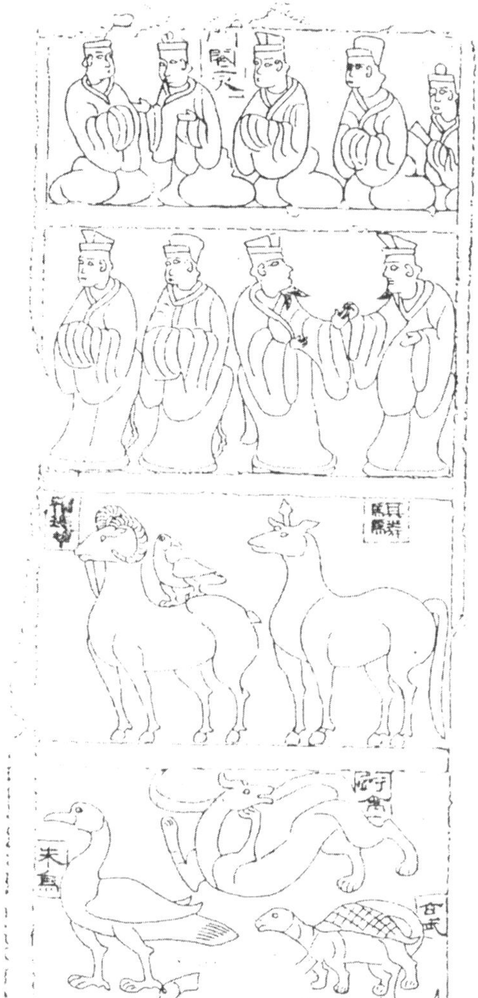

그림 9) 江蘇邳縣彭城相繆宇墓 後室東壁南側畵像

사신의 수 및 표현위치의 불안정성은 安徽宿縣褚蘭1號漢畫像石墓(171년), 安徽宿縣褚蘭2號漢畫像石墓의 四神 표현에서도 확인된다.[36] 褚蘭1號漢畫像石墓에서 前室 남벽의 額枋에 해당하는 제4석에 청룡, 백호, 현무가 함께 등장하고, 다시 전실 서벽 正中의 제11석에 청룡, 백호가 서로 마주 보며 선 모습으로 나타난다. 제11석 화상에 보이는 서 있는 자세의 청룡과 백호는 몸이 두터워 소와 같은 가축을 연상시킨다는 점에서 흥미로운 표현사례의 하나이다. 褚蘭2號漢畫像石墓의 경우, 주작이 전실 서벽 墓門石인 26석과 전실 남벽 서측의 27석, 전실 북벽 서측의 28석에 거듭 나타나지만, 사신의 다른 神獸는 보이지 않는다.

이와 같은 흐름은 三國, 魏晋으로 이어진다. 吳 孫權의 셋째 딸 무덤으로 전하는 浙江海寧長安鎭畫像石墓에서 청룡, 백호는 전실 북벽 1층, 주작은 전실 서·남·북벽 1층 및 묘문 상단, 현무는 전실 서벽 제1층 북단에 다른 神異한 존재들과 함께 나타난다.[37] 長安鎭畫像石墓의 화상석에서 四神의 각 신수는 여러 異獸들 가운데 하나일 뿐이다.

사신 표현위치의 불안정성은 魏晋代에 조성된 山東臨沂金雀山畫像塼墓에서도 예외가 아니다.[38] 金雀山畫像塼墓에서 청룡화상전은 현실 동벽 2층, 백호화상전은 현실 동벽 3층, 주작화상전은 현실 서벽 2층, 현무화상전은 현실 북벽 3층에서 각각 발견되었다.(그림 10) 그런데 金雀山畫像塼墓에서 관심을 기울여야 할 부분은 四神畫像塼의 위치가 아니라 四神을 포함한 畫像

의 제재, 제재가 된 神獸의 표현 수준 및 방식 등의 요소들이다. 이러한 요소들이 魏晋代의 일반적인 수준에 머무르면서도 벗어나는 측면을 보이기 때문이다. 예를 들면, 청룡과 주작은 비교적 세련되고 자연스러운 모습과 자세를 보이나, 등 쪽으로 목을 틀어 자신의 뒤편을 향해 포효하는 백호는 어깻죽지에 갈고리꼴로 갈기와 같은 것이 돋고 등이 두텁게 굴곡이 져 혹처럼 보이는 등 서구 및 중근동의 龍을 연상시킨다. 현무는 구사교미의 자세에 아무런 탄력이 더해지지 않고, 거북과 뱀의 머리 크기와 방향도 자연스럽지 않다. 이어지는 남북조시대 사신 표현의 전개과정과 관련하여 눈길을 끄는 사례라고 하겠다.

그림 10) 山東臨沂金雀山畵像塼墓出土 四神畵像塼

4) 四川 일대

사천지역에서 사신 표현은 주로 石棺 화상에서 발견되며, 이외에 棺飾, 塼, 墓門, 墓闕에도 보인다. 四川巫山東漢墓에서 출토된 鎏金銅牌들은 주로 木棺 장식으로 쓰였던 것들인데, 가운데 雙闕을 나타내고 左闕 곁에 청룡, 右闕 곁에 백호, 雙闕 위에 주작을 나타낸 경우가 일반적이다.[39] 棺飾에는 이들과 함께 玉璧, 雙闕('天門'), 西王母, 力士 등이 등장한다.

四川昭覺城北鄉熱赫溪東漢墓 및 四川昭覺竹核鄉合博士丘東漢墓의 묘실 바닥을 장식하던 화상전 가운데에도 사신을 표현한 것이 발견되었다.[40] 四神은 중심부가 四方格文으로 장식된 塼의 네 변에 左右前後의 방향에 맞추어 묘사되었다.(그림 11) 逆'S'자꼴로 목을 구부린 채 포효하며 앞으로 나아가는 청룡이 신수로서의 모습을 갖춘 것과 달리, 백호는 자연계 호랑이의 형상 그대로 표현되어 신수로서의 느낌을 자아내지 못한다. 주작은 공작형으로 묘사되었으며, 구사교미형 현무의 자세는 차분하다. 熱赫溪東漢墓의 墓道에 쓰인 塼 가운데에는 주작, 현무를 한 화면에 나타낸 것도 있었다.

四川簡陽鬼頭山 출토 3호석관, 四川新津永商鄉 출토 1호(左)석관 및 2호(右)석관에도 雙闕과 사신이 함께 나타난다.[41] 간양 귀두산 3호석관의 경우, 棺의 전후좌우판에 사신이 표현되었으며, 쌍궐은 오른쪽 판 가운데에 묘사되었다. 新津 영상향 출토 1호석관은 앞판에 부리에 靈芝類를 문 雙주작, 뒤판에 쌍궐이 새

그림 11) 四川昭覺城北鄕熱赫溪東漢墓出土 四神畵像塼

겨졌고, 왼판에 出行장면이, 오른판에 주작, 현무, 청룡이 함께 묘사되었다. 四川新津永商鄕 출토 2호(石)석관은 앞판에 雙주작, 뒤판에 天祿이 표현되었고, 왼판에 璧을 가운데 두고 마주본 청룡과 백호를, 오른판에 玄武와 仙人六博, 出行 장면을 나타냈다. 棺飾과 석관의 雙闕은 무산 동한묘 출토 류금동패 및 간양 귀두산 3호석관의 쌍궐화상 위에 글로 새겨졌듯이 '天門'이다. 따라서 쌍궐과 함께 표현되는 四神은 죽은 자의 천문 통과와 관련된 존재라고 할 수 있으며, 仙人六博 장면에서 미루어 짐작할 수 있듯이 천문 너머의 세계는 仙界이다.

2. 南北朝~隋唐代의 사신도

1) 南北朝時代

남북조시대에도 사신은 다양한 영역의 器物을 장식하는 제재로 즐겨 택해진다. 南朝에서는 무덤에 附葬된 그릇류에서도 사신 표현을 찾아볼 수 있다. 江蘇江寧官家山六朝墓 출토 圓盆의 內壁에 그려진 四神이 그 사례에 해당한다.[42] 圓盆의 內底에는 인물들과 金鳥, 內壁에는 四神에 해당하는 神獸들이 그려졌고, 外底에는 丹書가 쓰였으며, 外壁에는 각종 신수들이 표현되어 裝飾畵의 주제가 仙界에서의 삶임을 짐작하게 한다. 官家山六朝墓의 조성연대는 吳末에서 西晉初 사이로 추정된다.

사신이 무덤칸 벽을 장식한 사례로는 雲南昭通后海子東晋壁畵墓(386~394년)의 벽화를 들 수 있다.[43] 后海子東晋壁畵墓에서 四神은 玄室 네 벽 상층부에 墨書와 함께 묘사되었다. 청룡은 현실 서벽, 곧 右壁의 상층에 '右靑龍', '玉女以草授龍' 등의 墨書 및 '金女規聰而祠'라는 朱書와 함께 표현되었다.(그림 12)

그림 12) 雲南昭通后海子東晉壁畫墓 玄室西壁壁畫

실제 청룡의 앞에는 옥녀가 仙草를 들고 서 있으며, 청룡은 이를 받아먹으려는 듯한 자세를 취하고 있다. 옥녀 곁에는 개가 한 마리 서 있다. 그 곁에는 연꽃송이가 줄기와 함께 묘사되었으며, 청룡의 꼬리 끝 부분에 새 한 마리가 서 있고, 그 오른쪽에 殿閣이 표현되었다. 2층 전각의 지붕 위에도 새 한 마리가 서 있다. 청룡의 몸은 목, 몸통, 꼬리의 굵기에 변화가 있고, 버티고 선 다리의 자세도 자연스럽다.

현실 좌벽인 동벽 상층에는 백호가 배치되었으며, '左帛虎'라는 묵서를 동반하고 있다. 백호의 앞에는 해가 표현되었으며, 뒤편에 2층 전각이 묘사되었다. 백호의 몸 위와 아래, 전각 뒤편에 각각 새가 한 마리씩 서 있다. 백호는 자연계 호랑이의 모습을 바탕으로 표현되었지만, 청룡과 유사한 방식 및 자세로 묘사되어 어색함이 없다.

주작은 남벽 상층에 '朱雀'이라는 묵서와 함께 묘사되었으며, 그 아래에는 殿閣이 그려졌다. 현무는 안벽인 북벽 상층에 '玄武'라는 묵서와 함께 표현되었다. 현무의 주변에 연꽃송이류가 흩어져 있고, 기마인물, 말, 꽃송이를 담은 듯한 원, 구름무늬 등이 배치되었다. 같은 북벽 하층에 墓主坐像, 侍從, 墨書銘이 보인다. 현무는 구사교미형이지만, 뱀과 거북의 얽힘이 밤알에 실을 이리 저리 감아 놓은 듯한 모습이다. 청룡과 백호가 전통적인 좌우개념을 벗어나 각각 오른벽, 왼벽에 표현되었을 뿐 아니라 묵서로 그에 대한 관념이 명기된 점, 백호가 '帛虎'로 표기된 점이 눈길을 끈다. 현무를 묘주인을 지키는 존재로 상정하여, 이를 회화로 나타낸 것도 后海子東晋墓 壁畵에 보이는 특징 가운데 하나이다.

南朝 무덤은 주로 塼으로 축조된 까닭에 화상전에 사신을 표현한 사례도 쉽게 발견된다. 남조 초기에는 앞 시기의 전통을 이어 塼 한 매에 하나의 제재를 담아내는 방식으로 화상전이 제작되므로 사신 역시 각 神獸가 각각의 塼에 표현된다. 때문에 하나의 묘실에서 사신을 묘사한 화상전이 다수 발견되기 마련이다. 玄室 동·서벽에서 청룡을 표현한 화상전이 4매, 백호화상전이 6매 발견되고, 현실 동·서·북벽에서 주작화상전이 8매, 현실 북벽에서 현무화상전이 6매 확인된 江蘇鎮江東晋畵像塼墓(398

년)이 그 대표적인 사례에 속한다.[44)]

江蘇鎭江東晋畵像塼墓에서는 四神畵像塼과 함께 千秋塼, 萬歲塼, 朱雀塼, 獸首人身塼, 獸首噬蛇塼, 虎首戴蛇塼 등도 다수 발견되어, 사신전은 玄室을 장식하는 여러 종류의 화상전 가운데 일부에 불과하다. 사신이 묘실을 수호하는 여러 神獸의 하나에 불과한 것이다. 4세기 말에도 묘실수호자로서의 四神의 입지는 배타적이고 독점적이지 않았음을 미루어 짐작할 수 있다. 四神塼이 현실 벽에 사신을 이루는 각 신수 고유의 방위, 방향에 따라 배치되지 않은 것도 묘실 안에서 사신의 입지가 아직 굳어지지 않은 것과 관련이 깊을 것이다.

그리나 鎭江東晋畵像塼墓 사신전에서 사신은 각각 신수로서의 모습과 성격을 매우 잘 갖춘 존재로 나타난다.(그림 13) 몸을 원형에 가깝게 휘면서 네 다리로 전의 각 모서리를 버틴 청룡의 모습은 탄력에 넘치며, 같은 자세의 백호는 자연계 호랑이의 모습에서 완전히 벗어나 신수로서의 백호 특유의 형태로 再創造된 상태이다. 한쪽 다리를 들어 앞으로 내밀면서 날개를 펼친 주작의 자연스러운 자세는 앞 시기 유적, 유물에서는 보기 어렵던 모습이다. 구사교미형 현무의 뱀과 거북도 이전과 달리 서로 목과 머리를 틀면서 마주 보는 자세에 긴장감이 넘친다. 사신에 대한 인식의 심화, 이에 따른 표현 수준의 상승에 따른 결과일 것이다. 시기가 더 흐르면 사신이 묘실을 장식하는 중심제재로 떠오를 가능성을 내다보게 한다.

①

②

③

그림 13) ① 江蘇鎭江東晋畵像塼墓出土 四神畵像塼
② ①의 부분: 靑龍, ③ ①의 부분; 白虎

그렇지만, 사신의 방위, 방향에 맞추지 않은 채 묘실 벽에 四神塼을 배치하는 경향은 南朝末까지 계속된다. 福建閩侯南嶋南朝墓의 경우, 현실 서북벽 4층과 8층에 청룡전, 현실 동남벽 4층 및 8층에 백호전이 배치되었으며, 각 벽에서 僧侶塼, 寶相華文塼, 飛天塼, 寶甁塼, 飛鶴塼 등이 함께 발견된다.[45] 湖南襄陽賈家冲畵像塼墓에서는 청룡전이 현실 북벽 12층에서 2매, 백호전이 현실 남벽 12층에서 2매 확인되며, 두 벽에 千秋塼, 萬歲塼, 雙獅子塼, 飛天塼, 怪獸塼, 蓮花文塼, 忍冬文塼 등이 함께 배치되었다.[46] 이들 무덤에서도 四神塼은 현실 벽을 장식한 여러 종류의 화상전 가운데 하나일 뿐인 것이다. 흥미로운 것은 閩侯南嶋南朝墓의 사신전에서도 백호는 신수형으로 표현되지만, 襄陽賈家冲畵像塼墓 사신전에서는 머리 부분이 신수형에서 후퇴하여 자연계의 호랑이형으로 돌아가는 듯한 느낌을 준다는 사실이다.(그림 14) 이후의 남조 사신전 백호 형상의 전개와 관련하여 고려해 두어야 할 현상이다.

① ② ③ ④

그림 14) ①,② 福建閩侯南嶼南朝墓 青龍·白虎畫像塼,
③,④ 湖南襄陽賈家冲畫像塼墓 青龍·白虎畫像塼

한편, 남조 화상전의 일반적인 전개 양상과 관련하여 눈길을 끄는 것은 南朝 中期에 이르면 이전에 비해 화상전이 대형화 하거나, 새로이 여러 매의 화상전에 하나의 제재가 나누어 표현되는 방식이 개발되어 유행하기 시작한다는 점이다. 특히, 화상전에 제재의 각 부분을 나누어 표현하는 방식은 급속히 확산되는데, 심지어 王陵級 무덤에서는 묘실의 한 벽면 전체에 하나의 제재가 담기기도 한다. 이런 경우, 각 화상전은 퍼즐 맞추기에 쓰이는 블록과 같아진다. 南齊景帝蕭道生墓로 추정되는 江蘇丹陽胡橋1號南朝大墓의 경우, 수백 장으로 축조된 현실 서벽에 羽人에 의해 이끌리는 '大虎'가 표현되었는데,[47] 화면을 구성한 각각의 화상전은 그 자체로는 맞추기 전의 퍼즐일 뿐이다. 江蘇丹陽胡橋吳家村南朝大墓, 江蘇丹陽建山金家村南朝大墓에서도 청룡과 백호는 현실 동벽과 서벽에 羽人과 함께 표현되었는데, 역시 수백 장의 화상전에 의해 그 형상이 드러난다.[48]

눈길을 끄는 것은 이들 무덤에서 청룡, 백호는 尺木이라고 불리는 昇天을 위한 매개물을 지닌 존재로 표현된다는 사실이다.[49] 이 척목은 羽人에 의해 이끌리는 이른바 '羽人戲虎, 羽人戲龍' 화상에서 청룡, 백호의 신수로서의 인식과 표현이 앞 시기와는 달라짐을 상징적으로 드러내는 존재이다. 남조의 대형 전묘 화상에서 백호는 몸의 형태와 자세는 청룡과 같으나, 머리는 다시 자연계 호랑이를 연상시키는 모습으로 표현된다. 江蘇鎭江東晋畵像塼墓 四神塼의 白虎에서 시도되어 일정한 성과를 거두고 福建閩侯南嶋南朝墓의 화상전으로 이어지던 자연계에 실재하지 않는 신수로서의 백호, 곧 신수형 백호의 형상화가 더 이상

진행되지 못하고 있는 것이다. 역시 신수로서의 백호에 대한 인식의 일단을 보여주는 부분이다. 후기의 사신계 고분벽화에서 신수로서의 백호의 독특한 모습을 형상화해내는 고구려와는 대조적이다.[50)]

河南鄧縣學庄畵像塼墓, 江蘇南京萬壽村1號墓 등은 대형화한 화상전에 담긴 四神의 모습을 잘 보여주는 유적들이다.[51)] 이들 화상전묘에서 사신은 鎭江東晋畵像塼墓의 四神塼 화상에서 한 걸음 더 나아간 모습을 보여 준다. 특히 鄧縣學庄畵像塼墓 四神塼의 현무는 뱀과 거북의 감고 뒤틀림이 아주 격렬하게 표현되어 입체적 회화라는 느낌마저 준다.(그림 15)

그림 15) 河南鄧縣學庄畵像塼墓 玄武塼

江蘇常州南郊戚家村畵像塼墓에서 발견된 四神畵像塼은 퍼

즐 맞추기식 화상전의 또 하나의 단계를 잘 보여준다.[52] 각각 7매로 구성된 청룡, 백호, 주작, 현무화상은 앞의 江蘇丹陽 胡橋 및 建山 일원의 대형 화상전묘에서 발견되는 四神畵像의 맥을 잇고 있다.

北朝에서도 사신은 南朝에서와 같이 일상생활 및 장의미술상의 중요한 제재의 하나로 취급된다. 北魏시대의 장의미술에서 사신이 어떤 방식으로 표현되었는지는 石棺 및 墓誌 장식을 통해서 쉽게 알아 볼 수 있다. 잘 알려진 河南洛陽 출토 北魏畵像石棺 좌판과 우판에 표현된 청룡과 백호는 각각 墓主夫婦로 보이는 남자와 여자를 태우고 羽人의 인도를 받으며, 또 다른 세계로 나아가는 존재이다.[53] 청룡과 백호의 뒤를 따르는 고취악대, 鳳을 탄 시녀 등의 존재는 두 신수가 향한 세계가 죽은 이의 새로운 삶터임을 암시한다. 구름을 헤치며 앞으로 나아가는 청룡, 백호의 자세는 매우 역동적이나, 사람을 태운 채 고삐를 잡힌 듯이 머리를 돌려 뒤를 돌아보는 모습은 길들인 짐승의 모습과 크게 다르지 않다.

또한 棺 바닥의 앞과 뒤에 각각 鬼面 및 靈芝類를 마주보는 자세로 묘사된 청룡, 백호는 忍冬과 瑞雲을 헤치며 유영하는 듯하다.(그림 16) 눈길을 끄는 것은 백호의 머리가 자연계 호랑이의 형상으로 표현되었다는 사실이다. 관 바닥 좌측과 우측의 각 12칸에 나누어 표현된 神獸들 가운데에도 청룡, 백호에 해당하는 존재들이 보이는데, 역시 백호에 해당하는 신수의 머리는 자연계 호랑이의 것이다. 北朝에서도 北魏 後期까지는 백호를 신수형으로 나타내지는 않았음을 알 수 있다.

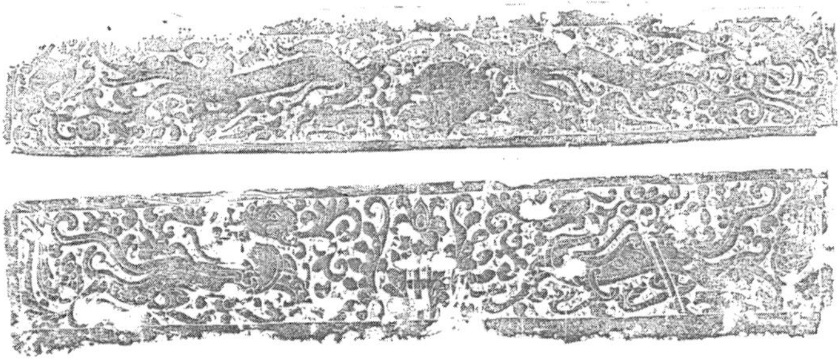

그림 16) 河南洛陽出土 北魏畫像石棺底板畫像

河南洛陽邙山下海資村 出土 北魏畫像石棺, 河南洛陽 出土 河南省博物館 소장 北魏畫像石棺, 河南洛陽 出土 陝西省博物館 소장 北魏 墓誌, 北魏元暉墓(520년) 출토 묘지 및 北魏爾朱襲墓(529년) 출토 묘지의 두껑 네 변에 표현된 四神(그림 17, 18) 역시 기본 형태는 石棺類에서 보이는 것과 같다.[54)]

그림 17) 河南洛陽張凹村出土 北魏爾朱墓墓誌蓋畫像

그림 18) 그림 17)의 부분

河南洛陽北魏元乂墓(526년)와 河北磁縣東魏茹茹公主墓(550년), 山東臨朐北齊崔芬墓(551년), 山西太原北齊婁叡墓(570년)의 벽화와 陝西咸陽出土 北周石棺의 畵像은 북조 後期의 사신 표현이 어떠했는지를 잘 알게 한다.[55] 北魏元乂墓, 北齊崔芬墓 등에서 사신의 각 신수는 玄室 좌·우·전·후벽에 나누어 표현되었다.[56](그림 19) 그런데 東魏茹茹公主墓에서 四神은 묘도 입구 동·서벽과 현실 네 벽 상단에 거듭 등장한다.[57] 묘도 입구 동벽과 서벽에 청룡과 백호를 묘사하고 같은 화면에 儀仗隊를 더하는 방식은 이후 隋唐代로 이어져 일정한 기간 동안 고분벽화 제재 구성 및 배치상 가장 주요한 특징의 하나로 자리 잡는다. 그러나 현실 네 벽 상단에 四神을, 하단에 山樹와 묘주인의 일상생활을 묘사하는 전래의 방식은 이후 수당대 고분벽화에서는 거의 채택되지 않는다.

그림 19) 山東臨朐北齊崔芬墓 玄室北壁壁畵

東魏茹茹公主墓 벽화의 사신 표현에서 흥미로운 것은 묘도 입구 서벽에 묘사된 백호의 모습이다.(그림 20) 구름과 인동연꽃류를 헤치고 나아가며 포효하는 자세인 백호의 모습이 신수형에 매우 근접하였기 때문이다. 백호의 머리가 자연계 호랑이의 형상에서 상당히 벗어나고 있음은 특히 눈여겨볼 부분이다. 백호의 목, 등, 꼬리에는 불꽃형의 尺木이 커다랗게 표현되었으며, 어깻죽지에서는 羽毛가 날개처럼 길게 뻗어나간다. 현실 북벽의 현무는 구사교미형이나 하체 일부만 남아 있어 자세한 형상을 알 수 없다.

그림 20) 河北磁縣東魏茹茹公主墓 墓道入口西壁壁畫

北齊婁叡墓의 경우, 묘문과 현실에 四神이 표현되어 앞의 東魏茹茹公主墓 벽화의 사신 배치 방식에서 한 걸음 더 나아간 듯한 느낌을 준다.[58] 묘문 좌우짝과 상단에 청룡, 백호, 주작을 배치하는 사례는 훨씬 앞 시기인 後漢 중기까지의 陝北畫像石墓의 묘문에서도 쉽게 찾아지는 것으로 山西 太原 일대 北朝 후기 고분벽화 제재 배치 및 표현과 관련하여 눈길을 끄는 부분이다. 묘문의 청룡, 백호는 각각 앞발 하나를 문고리에 걸치고 머리를 그 위에 드리우면서 포효하는 모습을 통해 묘문수호자로서 자신들의 역할과 의지를 강하게 드러내고 있다.(그림 21) 반원꼴로 몸을 틀면서 문짝의 주어진 공간을 가득 채운 청룡, 백호의 모습은 마치 화면 바깥으로 튀어나갈 듯한데, 그 형상화 방식이 남조의 江蘇鎭江東晋畫像塼墓 사신전의 청룡과 백호를 연상시킨다. 현실 좌우벽과 안벽에 청룡, 백호, 현무를 나타냈는데, 玄室壁에 四神을 묘사하는 사례는 隋代 고분벽화에서는 확인되지만, 唐代 고분벽화에서는 거의 찾아지지 않는다.

그림 21) 山西太原北齊婁叡墓 墓門壁畫

陝西咸陽出土 北周石棺의 畫像도 북조 後期의 사신표현 가운데 눈길을 끄는 사례이다. 앞의 怪獸를 향해 앞발을 쳐든 청룡의 모습에서 북조 사신 특유의 긴장감을 느낄 수 있기 때문이다.(그림 22) 羽人이 아닌 괴수가 청룡을 희롱하는 듯 앞에서 인도하고, 仙人이나 묘주인으로 상정되는 인물이 청룡의 등에 타고 있

지 않는 점도 허공에 장식된 수염털 연봉오리나 구름 위를 달리는 모습의 토끼류 길짐승의 존재와 함께 눈여겨볼 부분이다.

그림 22) 陝西咸陽出土 北周石棺左板畫像

2) 隋唐代

수당대에도 사신은 墓誌, 石棺, 墓室 등을 장식하는 제재로 널리 쓰이지만, 앞 시기와 비교할 때 표현기물의 범위가 더 넓혀지거나 표현 빈도가 높아지지는 않는다. 隋代의 사신 표현을 알게 하는 유적, 유물 가운데 가장 이른 시기의 것으로는 陝西三原雙盛村隋李和墓(582년) 출토 석관과 山東嘉祥英山1號隋墓(584년) 벽화가 있다.[59] 隋李和墓 出土 石棺의 경우, 衛士, 飛天, 怪獸, 天祿, 草花文과 함께 우판에 청룡, 좌판에 백호를 표현했으며, 앞판과 뒤판 위쪽에 주작을, 뒤판 가운데에 현무를 새겼다.

우판과 좌판의 청룡, 백호는 飛天, 怪獸, 天祿 등을 동반한 채, 등에 각각 남자와 여자를 태우고 忍冬과 구름으로 가득한 허공을 헤치며 앞으로 나아가는 자세이다. 청룡, 백호의 앞에는 衛士들이 서 있다. 衛士를 제외하면, 화면의 제재구성 및 표현방식에서 앞에서 살펴본 북위 후기의 석관 화상을 잇고 있으나, 청룡,

백호의 자세를 중심으로 자아내던 화면의 전체의 역동성은 北魏代에 비해 현저히 떨어진다.[60] 앞판의 주작은 鋪首, 衛士, 臥獸를 동반하고 있으며, 뒤판의 현무는 구름과 花文으로 둘러싸였다.(그림 23) 주작의 날갯짓이나, 현무를 이루는 뱀과 거북의 뒤틀림에서도 앞 시기에서와 같은 역동성은 느끼기 어렵다. 隋代 사신 표현에서 나타나는 이와 같은 변화는 이어지는 唐代에 사신에 대한 인식과 표현이 어떤 길을 걷게 될지를 시사한다는 점에서 흥미롭다.

그림 23) 陝西三原雙盛村隋李和墓出土 石棺 玄武畵像

山東嘉祥英山1號隋墓, 일명 隋徐民行夫婦墓 벽화에서 청룡과 백호는 각각 현실 동벽과 서벽 상단에 묘사되었는데, 청룡이 표현된 화면 하단에 牛車, 시녀, 개 등이, 백호 화면의 하부에 出行圖가 보인다.61) 英山1號隋墓 벽화의 경우, 사신의 배치방식은 앞의 北魏元乂墓 등 일련의 고분벽화 전통과 맥이 닿는다.62) 이외에 河南洛陽出土 隋代石棺 畵像의 경우, 사신이 어떤 존재도 동반하지 않은 모습으로 표현되고 있어 눈길을 끈다.63)(그림 24) 사신을 독립된 존재로 표현하는 사례는 수당대 석관화상 및 고분벽화에서 거의 찾아볼 수 없으며 오히려 고구려 고분벽화 사신표현의 전통과 닿기 때문이다.64)

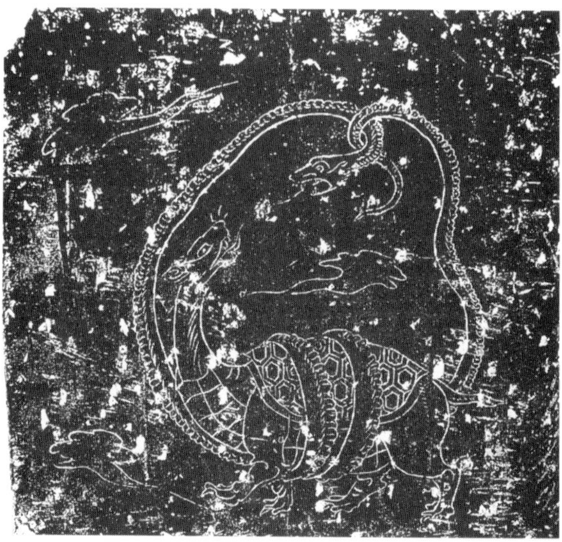

①

②

그림 24) ①,② 河南洛陽出土 隋代石棺畫像 玄武·朱雀

한편, 隋李和墓 출토 석관의 사신 표현은 630년 조성되는 唐李壽墓 출토 石棺畫像으로 이어진다. 陜西三原雙盛村唐李壽墓 출토 석관에서도 사신은 衛士와 함께 석관 바깥의 각 면에 묘사되고 있다.[65] 그런데, 唐李壽墓에서 눈길을 끄는 부분은 묘문 좌우짝의 위와 아래에 모두 4마리의 朱雀이 묘사된 점이다. 묘문에 주작을 표현하는 전통은 漢代 이전까지 거슬러 올라가지만, 唐李壽墓 壁畵에서와 같이 묘문을 주작으로만 장식한 사례는 찾아보기 힘들다. 朱雀에 투사된 종교·신앙적 의미와 관련하여 관심을 끄는 부분이다.

唐 성립 이후 7세기 후반까지의 전형적인 사신 표현은 고분벽화에 비교적 잘 나타난다. 이 시기에 제작된 당 고분벽화의 사신

표현 및 배치 방식에서 눈길을 끄는 것은 묘도 입구 동벽(좌)과 서벽(우)에 청룡, 백호를 그리는 경우, 四神의 다른 두 신수인 주작, 현무는 거의 표현되지 않는다는 사실이다. 陝西禮泉唐長樂公主墓(643), 陝西禮泉西周村唐阿史那忠墓(653~675년), 四川萬泉唐冉仁才墓(654년), 陝西禮泉唐新城長公主墓(663년), 寧夏固原唐阿史索岩墓(664년), 陝西咸陽東北郊唐蘇君墓(667년) 등의 벽화에서 주작과 현무는 확인되지 않는다.[66]

唐太宗 昭陵의 陪葬墓 가운데 하나인 禮泉西周村唐阿史那忠墓는 묘도 길이만 46.7m에 이르는데, 이 묘도 입구 좌우의 동벽과 서벽에 구름을 뚫고 앞으로 나아가는 청룡, 백호가 묘사되었다.[67] 뒤로 사람이 끄는 말과 낙타, 수레, 의장대가 뒤따르는 것으로 보아 청룡, 백호는 묘주인의 행렬을 이끌어나가는 존재로 상정된 듯하다. 몸의 아랫부분만 남은 백호는 구름을 헤치며 천천히 앞으로 걸어나가는 듯한 자세여서 화면을 뛰쳐나갈 듯 역동적인 모습으로 표현되던 北朝 고분벽화의 四神과 비교된다. 墓道 壁의 청룡, 혹은 백호에 의장대가 더해지는 식의 제재 구성과 배치는 앞의 北朝 후기 고분벽화에서도 확인된 것이다.

唐將 蘇定方의 무덤으로 알려진 咸陽東北郊唐蘇君墓 묘도 입구 좌벽과 우벽에는 청룡, 백호의 뒤에 의장대가 표현되었다. 앞발 부분만 남은 청룡과 달리 형체가 비교적 뚜렷이 남아 있는 벽화의 백호에서 눈길을 끄는 것은 자연계 호랑이를 연상시키는 머리, 어색하게 버티고 선 다리, 기계적으로 표현된 몸체의 줄무늬, 아래로 내려 왼쪽 뒷다리를 감고 나간 꼬리 등 형식화 된 표

현, 자신의 특징을 잃어가는 신수의 모습이다.(그림 25) 신수로서의 백호에 대한 인식의 약화를 상정하게 하는 현상이라고 하겠다.

그림 25) 咸陽東北郊唐蘇君墓 墓道入口西壁壁畫

7세기에 제작된 당 고분벽화 가운데 山西太原金勝村의 唐墓壁畵에서는 묘도 좌우벽에 청룡, 백호를 배치하는 위의 흐름과는 구별된 벽화 배치를 고집하고 있어 눈길을 끈다.[68] 太原金勝村337號墓에서는 사신의 각 神獸가 현실 천장고임의 각 방향에 해와 달, 각종 별자리와 함께 표현되었다.[69] 현실 벽에는 衛士와 樹下人物이 그려졌다. 太原金勝村4號墓, 太原金勝村6號墓, 太原金勝村7號墓 벽화에서도 四神을 비롯한 제재 구성과 배치는 太原金勝村337號墓 벽화에서와 거의 구별되지 않는다.

山西太原金勝村7號墓 벽화에서 사신은 현실 천장고임 네 방향에 나누어 그려졌는데, 표현방식과 수준에서 앞 시기 당대 고분벽화의 흐름과 닿아 있다. 즉, 北朝 고분벽화에서와 같은 역동성을 보여주지 못할 뿐 아니라, 신수적 분위기도 충분히 갖추지 못하고 있는 것이다. 청룡의 꼬리는 호랑이의 꼬리이며, 백호는 자연계의 호랑이로 완전히 되돌아갔다.(그림 26) 주작은 날개짓

①

②

그림 26) ①,② 山西太原金勝村7號墓 玄室壁·天障部壁畵 靑龍·朱雀

하는 보통의 공작새로 그려졌고, 현무는 몸에 뱀을 감은 길짐승 꼴 거북으로 묘사되었다. 천장고임의 해와 달, 별자리, 구름도 위에서 드리워진 구슬띠와 장식술들로 말미암아 四神과 함께 커튼이나 벽지의 장식무늬처럼 보인다. 그러나 사신이 별자리와 관련된 하늘세계의 존재임을 구체적으로 드러낸 점등은 고구려 四神系 고분벽화의 北朝에의 영향관계와 관련하여서도 눈여겨 볼 필요가 있다.

8세기 전반에도 四神은 묘도 좌우벽인 동벽과 서벽에 청룡, 백호만 묘사되는 경향을 보인다. 8세기 초에 조성된 陝西乾縣唐章懷太子李賢墓(706년), 陝西乾縣唐懿德太子李重潤墓(706년), 陝西乾縣唐永泰公主李仙蕙墓(706년), 陝西西安南郊3號墓 등에서는 하나 같이 묘도 입구 좌우벽에 청룡, 백호만 등장하며, 이들 신수는 의장행렬, 혹은 侍衛武士를 동반하고 있다.[70] 陝西西安南里王村唐韋洞墓(708년)에서와 같이 朱雀이 묘도 좌우벽 南端에 묘사되고, 청룡과 백호는 北端에 표현된 경우는 예외에 가깝다.[71]

陝西西安東郊唐薛莫墓(728년)에서도 청룡, 백호가 묘도 좌우벽에 표현되기는 마찬가지이며,[72] 8세기 중엽에 제작된 陝西咸陽底張灣唐張去奢墓(747년), 陝西咸陽底張灣唐張去逸墓(748년), 陝西西安高樓村唐高元珪墓(756년) 벽화에서도 사신 표현방식은 같다.[73] 唐高元珪墓의 경우, 묘도 입구 좌우벽에 청룡과 백호를 묘사하였을 뿐 아니라, 玄室 안에 마련된 棺床 남측과 북측에도 각각 주작과 현무를 그렸음이 확인되어 관심을 모은

다.[74] 8세기 중엽으로 편년 되는 新疆투르판아스타나38호묘 벽화는 四神을 포함한 唐 고분벽화 제재의 배치와 표현의 전통이 서쪽으로 투르판 일대로까지 확산됨을 알게 하는 좋은 사례의 하나이다.[75]

그런데, 이 시기의 몇몇 고분벽화에서는 墓道가 아닌 墓室 벽에 사신을 나타내는 사례도 발견되어 흥미롭다. 이미 끊어진 것으로 보이던 北朝 고분벽화의 한 갈래 흐름과 어떤 관련이 있는지 여부가 관심을 모으는 경우들이다. 앞 시기의 고분벽화에서는 거의 보이지 않던 현상이기 때문이다. 廣東韶關羅源洞唐張九齡墓(740년)의 경우, 현실 동벽에 청룡을 그린 흔적이 보이며,[76] 陝西西安東郊唐蘇思勗墓(745년)에서는 현실 남벽에 주작, 현실 북벽의 동측에 玄武를, 남측에 남녀인물을 그렸음이 확인된다.[77]

이와 같은 흐름은 8세기 후반으로 이어진다. 陝西西安唐安公主墓(784년)에는 현실 남벽과 북벽에 각각 주작과 현무의 그림이 남아 있다.[78] 陝西咸陽底張灣鄭國大長公主墓(787년)의 경우에는 묘도 입구 좌우의 동벽과 서벽에 청룡과 백호를 그린 데에 더하여 현실 남벽에 주작을 그렸다.[79] 이외에 8세기 중엽 경 조성된 것으로 보이는 甘肅敦煌飛机場IM39唐墓의 경우, 무덤축조 재료인 塼에 四神이 표현되었음이 확인되어 흥미롭다.[80] 이들 四神塼은 연꽃전, 물결무늬전 등과 함께 무덤의 照壁을 장식하고 있다. 唐墓에서는 거의 찾아보기 어려운 사례라고 하겠다.

唐墓에서 출토되는 묘지에도 四神이 장식되는 사례가 자주 발견되는데, 대부분 墓誌斜面에 표현된다. 河南洛陽花園村唐睿宗貴妃豆盧氏墓出土墓誌(740년)에서 사신이 묘지의 사면에 표현되었는데, 청룡, 백호, 주작, 현무가 각각 좌, 전, 우, 후의 차례로 배치되어 고유의 방위와는 일부 차이를 보인다.[81] 陝西西安出土唐文安公主墓誌(828년)의 경우에도 사신의 각 神獸는 묘지 사면에 좌, 전, 우, 후의 차례로 묘사되었다.[82] 唐文安公主墓誌에서는 앞 시기와는 달리 신수적 형태와 역동적 자세로 그려져 눈길을 끈다.(그림 27) 특히 백호는 머리도 신수형으로 표현되는 등, 당대의 석관화상 및 고분벽화에서는 거의 찾아보기 어려운 모습을 지니고 있어 흥미롭다. 밑변에 12支가 함께 표현된 점도 이전과는 달라진 점이다.

그림 27) 陝西西安出土唐文安公主墓誌 靑龍·白虎畵像

9세기 후반의 묘지 장식에서는 사신의 각 신수가 고유의 방위에 표현된다. 河南偃師縣杏園村1號墓出土李夫人墓誌(867)의 사신표현이 그 예 가운데 하나이다.[83] 李夫人墓誌에서 청룡, 백호, 주작, 현무는 각각 묘지경사면의 좌, 우, 전, 후에 묘사되었다. 李夫人墓誌와 함께 河南偃師縣杏園村1號墓에서 출토된 崔凝下墓誌의 경사면에도 사신의 각 신수는 좌, 우, 전, 후의 차례로 표현되었다.[84] 사신은 각 신수를 구별할 수 있을 정도로만 표현되었다.

8세기의 고분벽화에 보이는 위의 두 갈래 흐름은 9세기에도 이어지지만, 四神을 고분벽화의 제재로 택하는 빈도는 극히 낮아진다. 陝西西安韓森寨唐姚存古墓(835년) 벽화에서 묘도 좌우벽에 청룡, 백호가 배치된 사례를 볼 수 있으며,[85] 陝西西安東郊郭家灘唐梁元翰墓(844년)에서는 현실 남벽에 표현된 주작의 모습을 볼 수 있다.[86] 석관화상의 제재로 사신이 등장하는 사례도 드물어진다. 唐末 石棺類에 사신이 표현된 사례로는 唐末~五代初로 편년 되는 山東惠民縣出土定光佛舍利棺을 들 수 있다.[87] 定光佛舍利棺에서 사신은 각각 사리관의 좌판, 우판, 盖前部 中央 및 후도에 표현되었으며, 구름, 山樹, '定光佛'과 '舍利棺'이라는 銘文, 嘉禾 등을 동반하였다. 정면을 향해 선 채, 날개짓하는 주작은 장식무늬와 같은 느낌을 주며, 둥근 패에 실을 감은 듯이 표현된 뱀과 거북의 어울림은 현무의 자세에 아무런 역동성도 부여하지 못하고 있다.

3. 四神圖와 四神認識

위에서 살펴본 漢~唐代 사신 표현 및 배치는 같은 시기의 사신에 대한 인식과 어떠한 관련이 있을까. 먼저 漢~魏晋代의 사신 표현과 인식의 관계를 지역별로 나누어 짚어보기로 하자. 위에서의 검토 결과에 각 사례별 회화 및 문양의 주제, 四神의 동반요소, 회화 및 문양 내 사신의 비중과 역할에 대한 판단을 더하여 河南, 河北, 山西, 遼寧 일대의 사례를 알기 쉽게 표로 정리하면 표 1)과 같다.[88]

표 1) 한~위진 사신도의 표현 사례1(산서. 하남일대)

<table>
<tr><th rowspan="3">지역</th><th rowspan="3">유적명</th><th rowspan="3">년대</th><th rowspan="3">표현방식 및 기물</th><th rowspan="3">회화,문양의 주제</th><th colspan="4">사신 표현 위치와 내용</th><th rowspan="3">회화,문양 내사신비중 및역할</th><th rowspan="3">기타</th></tr>
<tr><th colspan="4">사신의 동반요소</th></tr>
<tr><th>청룡</th><th>백호</th><th>주작</th><th>현무</th></tr>
<tr><td rowspan="6">河北,
山西,
遼寧</td><td rowspan="2">河北滿城竇綰墓出土銅薰爐</td><td rowspan="2">前漢初</td><td rowspan="2">薰爐蓋文</td><td rowspan="2">天界</td><td colspan="3">뚜껑모양</td><td></td><td rowspan="2">중심제재</td><td rowspan="2"></td></tr>
<tr><td colspan="3"></td><td>玄武 자리에 낙타</td></tr>
<tr><td rowspan="2">山西平陸棗園村壁畵漢墓</td><td rowspan="2">後漢</td><td rowspan="2">墓室壁畵</td><td rowspan="2">생활풍속</td><td>玄室天障北側(左面)</td><td>玄室天障南側(右面)</td><td>玄室天障西側(後面)</td><td>주요제재.
거북만 표현</td><td rowspan="2">天界一員</td><td rowspan="2">龍虎相對</td></tr>
<tr><td colspan="4">해, 달, 별자리</td></tr>
<tr><td rowspan="2">遼寧朝陽袁台子東晋畵墓</td><td rowspan="2">魏·晋</td><td rowspan="2">墓室壁畵</td><td rowspan="2">생활풍속</td><td>玄室東壁下部</td><td>玄室西壁下部</td><td>玄室南壁(?)</td><td>玄室北壁龕上部</td><td rowspan="2">주요제재,
묘실수호</td><td rowspan="2">묘실벽:생활,천장:日月星辰</td></tr>
<tr><td>상부:수렵</td><td>상부:進饌</td><td></td><td>북벽:屠殺</td></tr>
<tr><td rowspan="22">河南</td><td rowspan="2">永城芒山柿園梁王壁畵墓</td><td rowspan="2">前漢中</td><td rowspan="2">墓室壁畵</td><td rowspan="2">乘仙</td><td colspan="3">玄室天井</td><td></td><td rowspan="2">주요제재,
天界一員</td><td rowspan="2"></td></tr>
<tr><td colspan="3"></td><td>玄武 자리에 白虹</td></tr>
<tr><td rowspan="2">洛陽M61西漢壁畵墓</td><td rowspan="2">前漢末</td><td rowspan="2">墓室壁畵</td><td rowspan="2">乘仙</td><td colspan="3">墓室隔墻前額上部</td><td></td><td rowspan="2">주요제재</td><td rowspan="2">묘실내 神話傳</td></tr>
<tr><td colspan="3">두꺼비, 호랑이, 곰, 북을 든 사람, 구름天界一員</td><td>設의 奇人異獸</td></tr>
<tr><td rowspan="2">南陽辛店鄕熊營漢畵像石墓</td><td rowspan="2">前漢末~前漢初</td><td rowspan="2">石墓畵像</td><td rowspan="2">乘仙</td><td></td><td>墓門左右上端</td><td></td><td></td><td rowspan="2">주요제재,
묘문수호</td><td rowspan="2">묘실내 神話傳說의 奇人異獸</td></tr>
<tr><td></td><td>捕首,곰,개,나무</td><td></td><td></td></tr>
<tr><td rowspan="4">唐河針織廠漢畵像石墓</td><td rowspan="4">新莽</td><td rowspan="4">石墓畵像</td><td rowspan="4">乘仙</td><td colspan="4">北主室天障</td><td rowspan="2">주요제재,
天界一員</td><td rowspan="4">묘실내 神話傳說 및 歷史故事</td></tr>
<tr><td colspan="4">6개의 구획된 공간중 1칸에 사신배치, 해와 백호, 七鯉, 長虹, 연속고리문 칸 별도</td></tr>
<tr><td>南主室北壁門楣(羽人)</td><td>南主室北壁門楣(羽人)</td><td>묘문좌우상단</td><td></td><td rowspan="2">주요제재,
묘문수호</td></tr>
<tr><td>청룡 날개</td><td>백호 날개</td><td></td><td></td></tr>
<tr><td rowspan="4">洛陽金谷園新莽期壁畵墓</td><td rowspan="4">新莽</td><td rowspan="4">墓室壁畵</td><td rowspan="4">天界</td><td>玄室天障東側</td><td>玄室天障西側</td><td>玄室天障南側</td><td>玄室天障北側</td><td rowspan="2">주요제재,
天界一員</td><td rowspan="4">묘실내 神話傳說의 奇人異獸</td></tr>
<tr><td colspan="2">蛇,后土,地候 등과 함께 하늘세계의 일부를 차지</td><td colspan="2">天界一員</td></tr>
<tr><td>玄室西壁</td><td>玄室西壁</td><td></td><td>玄室北壁</td><td rowspan="2">주요제재,
묘실수호</td></tr>
<tr><td>歲星</td><td>太白星</td><td></td><td></td></tr>
<tr><td rowspan="2">鄭州元庄鄕梁寨村漢畵像石墓</td><td rowspan="2">前漢末</td><td rowspan="2">石墓畵像</td><td rowspan="2">乘仙</td><td>北主室門楣(좌)</td><td>北主室門楣(우)</td><td></td><td></td><td rowspan="2">독립제재,
묘문수호</td><td rowspan="2">묘실내 생활풍속의 異獸</td></tr>
<tr><td>門柱에 문지기</td><td>門柱에 문지기</td><td></td><td></td></tr>
<tr><td rowspan="2">南陽溧河鄕十里鋪2號漢畵</td><td rowspan="2">前漢末</td><td rowspan="2">石墓畵像</td><td rowspan="2">乘仙</td><td>後室門楣正面</td><td>後室門楣背面</td><td></td><td></td><td rowspan="2">독립제재,
묘문수호</td><td rowspan="2">묘실내 神話傳說의 奇人異獸</td></tr>
<tr><td></td><td></td><td></td><td></td></tr>
<tr><td rowspan="2">桐柏安棚鄕漢畵像石墓</td><td rowspan="2">後漢末</td><td rowspan="2">石墓畵像</td><td rowspan="2">?</td><td colspan="2">前室門楣背面</td><td></td><td></td><td rowspan="2">독립제재,
재생</td><td rowspan="2">龍虎交尾</td></tr>
<tr><td colspan="2">門柱에 각종문양</td><td></td><td></td></tr>
</table>

표 1)에서 잘 드러나듯이 하남 일대의 漢~魏晋代 유적, 유물에서 四神의 표현 위치와 방향, 횟수 등은 일정하지 않아 묘실 문, 벽, 천장 등에 나누어 표현되기도 하고, 거듭 그려지기도 한다. 청룡, 백호, 주작, 현무가 모두 표현되기 시작하는 시기도 前漢末에서 新莽期 사이이지만, 후한 말에 이르기까지 주작과 현무의 위치는 매우 불안정하다. 四神이 고유의 방위에 맞추어 표현되는 사례도 前漢末에서 新莽期 사이의 유적에서 비로소 확인되나, 역시 後漢末에도 일반화 하지는 않는다. 묘실 안에서의 사신의 위치는 魏晋期에야 안정되는 듯한데, 이는 이 시기에 이르러 葬處로서의 四勢 개념이 정립되는 것과 관련이 깊을 것이다.[89]

器物의 문양으로 등장하는 경우를 제외하면, 후한 말에도 사신이 화상이나 벽화의 중심 제재로 자리매김 되는 예는 찾아보기 어렵다. 前漢 中期 이래의 유적들에서 四神은 해, 달, 별자리, 혹은 神話傳說에서 언급되는 奇人異獸들과 함께 하늘세계를 이루는 여러 제재의 하나로 등장할 뿐이다. 사신을 하늘의 별자리와 함께 묘사하는 것은 黃道 28宿를 형상화한 존재로서의 사신에 대한 인식과 관련이 깊은데, 실제 별자리의 상징으로서의 사신에 대한 개념적 정리도 漢代에 본격화한다.

사신 인식과 관련하여 하나 더 검토할 것은 河南 南陽 일원에서 흔히 발견되는 '雙龍穿璧' 화상석이다. 璧을 사이에 두고 용 두 마리가 포효하는 모습으로 표현된 이러한 화상석이 눈길을 끄는 것은 璧이 지닌 상징성, 그에 따른 용의 역할 때문이다. 璧

은 玉으로 만든 물건이다. 玉은 再生의 힘을 지닌 존재이다.[90] 漢墓에서 빈번히 발견되는 葬玉類, 屍身을 감싼 玉衣 등이 玉이 지닌 신비한 힘에 대한 신앙의 所産임은 두 말할 필요 없을 정도로 널리 알려진 사실이다.

일반적으로 고대의 종교, 신앙에서 '再生'과 '不死'는 개념상 구분되지 않는다. 再生이란 뱀이 허물을 벗거나, 거북이나 자라가 冬眠에서 깨어나는 것과 같은 현상, 곧 不死의 다른 모습으로 이해되었기 때문이다. 그렇다면, 璧은 재생, 不死의 힘을 지닌 물건이며, 용은 不死의 힘을 지닌 璧을 지키는 존재인 셈이다. '雙龍穿璧' 화상석이 용을 포함한 四神에게 주어지는 의미, 역할과 관련하여 관심을 끌 수밖에 없음을 알 수 있다.

이외에 눈길이 가는 것은 늦어도 전한 말에 이르면 사신에게 묘문, 혹은 묘실을 지키는 神獸로서의 역할이 부여된다는 사실이다. 이후의 葬儀美術에서 사신이 담당할 주된 역할을 암시하는 부분이다.

섬서, 감숙 지역 발견 漢~魏晋時期 유적, 유물에서 사신이 표현된 사례를 표 1)과 같은 방식으로 알기 쉽게 정리하면 각각 표 2),[91] 표 3)과 같다.[92]

표 2) 한~위진 사신도의 표현 사례2(섬서 일대)

지역	유적명	년대	표현방식 및 기물	회화,문양의 주제	사신 표현 위치와 내용 / 사신의 동반요소: 청룡	백호	주작	현무	회화,문양 내사신비중 및역할	기타
陝西	咸陽空心塼36號漢墓	前漢初	塼文様	四神	玄室西壁1層,壁相對,壁相背(5매)	玄室東壁1層,壁相對(9매)	玄室東西壁2層,壁相對(3매)		주요제재, 묘실수호	四神文塼에 반드시 璧표현
					幾何文塼					
	咸陽空心塼36號漢墓出土陶壺	前漢初	陶壺文	仙界	山間			浦首環內,거북	주요제재, 仙界一員	
					원숭이,양,소,날개달린말,새,산봉우리					
	咸陽空心塼34號漢墓	前漢初	塼文様	?	墓道, 雙虎文塼				독립제재	
	咸陽空心塼34號漢墓出土陶	前漢初	陶文	仙界	山間,浮雕				주요제재, 仙界一員	묘실벽:생활,천장:日月星辰
					山					
	咸陽空心塼26號漢墓	前漢初	塼文様	四神			1號塼前面,壁相對	1號塼前面,壁相對	독립제재	
	西安國棉五廣6號漢墓出土銅溫酒爐	前漢中	爐文様		외부문양	외부문양	외부문양	외부문양,거북	주요제재	
	漢茂陵及其陪葬塚附近出土傳	前漢中	塼文様	?	수습	수습	수습,雙朱雀	수습,龜蛇交尾	독립제재	龍虎文空心塼출토
							鳳(우)			
	漢茂陵及其陪葬塚附近出土靑玉鋪首	前漢中	鋪首文	四神	수습,浮雕(좌)	수습,浮雕(우)	수습,浮雕(후)	수습,浮雕(전)	주요제재	琉璃璧동반수습
	西安交通大學西漢壁畵墓	前漢末~新莽	墓室壁畵	天界	玄室天障東側(佐)	玄室天障西側(右)	玄室天障南側(前)	玄室天障北側(後)	주요제재, 天界一員	墓室에 翔禽瑞獸
					해,달,28별자리,구름,仙鶴 등 여러 가지 동물과 牽牛,織女 등 인물					
	千陽漢壁畵墓	前漢末~新莽	墓室壁畵	?	玄室東壁(좌)	玄室西壁(우)			주요제재, 묘실수호(?)	四神鏡1건수습
					해,별자리	달,별자리				
	神木大保堂23號漢畵像石墓	100년 전후	石墓畵像	乘仙			墓門左右上端		주요제재, 묘문수호	문미에 수렵, 승선행렬표현
							새,신인,포수,독각수			
	神木大保堂11號漢畵像石墓	104년	石墓畵像	乘仙	左門柱下端2회	右門柱下端2회	문상단		주요제재, 묘문수호	
					복희형 해신,누각	여와형 달신	독각수			
	綏德后思家溝漢畵像石墓	2세기초	石墓畵像	乘仙	墓門左側下端	墓門右側下端	墓門上端	左右門柱下端	주요제재, 묘문수호	
					주작,포수 아래 청룡,백호 배치			幾何文		
	綏德辛店鄕裵家峁村漢畵像石墓	2세기초	石墓畵像	乘仙	墓門左側下端	墓門右側下端	墓門上端		주요제재, 묘문수호	묘실에 神話傳說의 奇人異獸
					주작,포수 아래 청룡,백호 배치					
	綏德辛店鄕鳴咽泉村漢畵像石墓	2세기중	石墓畵像	乘仙			墓門上端	左右門柱下端	주요제재, 묘문수호	묘실에 神話傳說의 奇人異獸
							포수,독각수	西王母와곤륜현포,神樹,異獸,문지기		
	米脂党家溝漢畵像石墓	2세기중	石墓畵像	乘仙			墓門上端	左右門柱下端	주요제재, 묘문수호	
								神樹,異獸,문지기		

표 3) 한~위진 사신도의 표현 사례3(감숙일대)

지역	유적명	년대	표현방식 및 기물	회화,문양의 주제	사신 표현 위치와 내용 / 사신의 동반요소				회화,문양내 사신비중 및역할	기타
					청룡	백호	주작	현무		
甘肅	武威雷台漢墓出土銅尊	後漢末	銅尊文	四神	奩中四葉				중심제재, 天界一員	
					四葉둘레에 구름, 바깥테에 異獸 및 구름					
					器內壁內圓					
					중심원에 盤龍器內壁內圓에 異獸 및 구름					
	武威雷台漢墓出土漆尊	後漢末	漆尊文	四神	蓋沿線刻				중심제재, 天界一員	
					구름					
	民樂八卦營村1號壁畫墓	魏·晋	墓室壁畫	天界,생활풍속	前室東壁	前室西壁	前室南壁	前室北壁,龜蛇交尾	중심제재, 묘실수호	
					구름,해,산맥,병기	구름,산맥,사냥	구름,물결	구름,물결		
	酒泉淸水下河淸1號墓	魏·晋	墓室壁畫	天界,생활풍속	墓室 壁南端,翼龍	墓室 壁北端,行虎			중심제재, 天界一員	
					馳牛	羽人				
	酒泉果園西溝村魏晋5號墓	魏·晋	墓室壁畫	생활풍속		墓道4層,5層,9層			중심제재, 묘실수호	
						力士,牛頭人,鷄頭人				
					前室北壁1層					
					파종,농가생활					
	酒泉果園西溝村魏晋7號墓	魏·晋	墓室壁畫	생활풍속		照墻2層			중심제재, 묘실수호	
						力士				
	酒泉丁家閘5號墓	386년~441년	墓室壁畫	생활풍속	前室천장고임동측,山間	前室천장고임서측,山間	前室천장고임남측,山間	前室천장고임북측,山間	중심제재, 묘실수호	
					해,달,구름,서왕모와 곤륜선계,羽人					

먼저 섬서 일대의 사례를 정리한 표 2)를 살펴보자. 陝西西安國棉五廣M6號漢墓出土銅溫酒爐의 문양으로 보아 섬서 지역에서 사신에 대한 구체적 개념에 근거하여 四神의 구성원으로 현무를 표현하기 시작한 시기는 늦어도 전한 중기부터라고 할 수 있다. 거북에 현무의 개념을 투사한 흔적은 이미 前漢初의 陝西咸陽空心塼36號漢墓出土陶壺文에서부터 찾아볼 수 있다. 龜蛇交尾型의 현무도 섬서 지역에서는 전한 중기의 漢茂陵 및 陪葬塚附近出土塼文에서 찾아진다. 비록 고유의 방향에 맞지는 않으나 사신의 각 神獸가 좌, 우, 후, 전의 차례로 표현된 사례도 前漢 中期의 漢茂陵 및 陪葬塚附近出土靑玉鋪首文을 통해 확인할 수 있다. 이와 같은 사례들은 사신 개념의 정리, 사신에 대한 인식의 체계화가 다른 지역에 비해 섬서지역에서 일찍부터 이루어졌음을 미루어 짐작하게 한다. 함양, 서안 일대가 秦漢代 정치, 사회, 문화의 중심부였던 점을 고려할 때, 그러한 개연성은 상대적으로 높아진다.

섬서지역 유적, 유물에 표현된 사신에 대한 인식과 관련하여 눈길을 끄는 것은 咸陽空心塼漢墓 출토 畵像塼에 四神과 함께 등장하는 璧이다. 河南의 '雙龍穿璧' 화상석과 관련하여 玉璧은 再生의 힘을 지닌 靈物이다. 그런데 이들 咸陽空心塼漢墓 四神塼에는 四神의 각 신수들이 雙을 이루어 지키는 듯, 다투는 듯 璧을 마주 보고 있는 것이다. 四神의 모든 신수가 不死를 가능케 하는 靈物, 不死의 門과 같은 璧의 수호자로 자리 매김 된 것이다. 河南의 '雙龍穿璧' 화상석도 이들 섬서지역 한묘를 장식한 사신화상전과 동일한 四神認識을 바탕으로 제작되었음을 알 수 있다.

앞의 하남 일원에서와 같이 陝西에서도 사신의 각 신수가 고유의 방위에 맞추어 표현되기 시작한 사례는 前漢末에서 新莽期 사이의 유적에서부터 찾아진다. 四神이 화상이나 벽화의 중심 제재로 자리 매김 되는 예도 후한 말까지 찾아보기 어렵다. 섬서 지역의 유적에서도 四神은 해, 달, 별자리, 혹은 신화전설상의 다양한 奇人異獸들과 함께 하늘세계, 혹은 仙界의 여러 구성원의 하나로 나타난다. 前漢末에 이르러 四神에게 묘문, 혹은 묘실을 지키는 神獸로서의 역할이 부여되는 점도 河南 일원의 흐름과 크게 다르지 않다.

그런데, 섬서 지역의 경우, 묘문, 혹은 묘실을 지키는 神獸로서의 四神에 대한 인식 및 표현과 관련하여 눈길을 끄는 것은 후한 중기 陝北 石墓畵像이 보여주는 지역적 흐름이다. 2세기 전후부터 2세기 중엽에 걸쳐 집중적으로 제작되는 陝北 石墓畵像에서 사신은 墓門을 지키는 존재로 등장하는데, 흥미로운 것은 이 묘문 너머를 죽은 이가 꿈꾸는 새로운 삶터, 仙界로 상정한 듯하다는 사실이다. 다음에 살펴볼 四川 石棺畵像의 '天門' 인식과 관련하여 관심을 모으는 부분이다.

이어 甘肅 일대의 사례를 정리한 표 3)을 살펴보자. 감숙 일대의 유적, 유물에서 사신이 그 모습을 드러내는 시기는 後漢末부터이다. 甘肅武威雷台漢墓에서 출토된 銅尊과 漆尊에서 사신은 문양의 중심제재이다. 그러나 魏晋, 16國 고분벽화에서 사신은 여러 제재 가운데 하나일 뿐이다. 甘肅民樂八卦營村1號壁畵墓의 벽화와 같이 사신이 고유의 방향, 방위에 맞게 표현되기도 하나, 감숙 일대에서는 魏晋期의 고분벽화에서도 사신의 표현위치, 방향, 횟수는 일정하지 않다. 이러한 면들은 감숙 지역이 중국에서는 邊方에 속한다는 사실과 관련 있을 것이다.

山東, 江蘇 및 湖南, 浙江, 安徽 지역 발견 漢~魏晋時期 유적, 유물에서 사신이 표현된 사례를 위에서와 같은 방식으로 알기 쉽게 정리하면 표 4)[93)]및 표 5)와 같다.[94)]

먼저 산동 및 강소 일대의 사례를 정리한 표 4)를 살펴보자. 산동 및 강소 일원의 유적, 유물에서 거북을 중요한 제재로 삼은 사례는 前漢 中期의 木棺畵에서부터 찾아볼 수 있다. 그러나 四神을 방위, 방향에 맞추어 모두 표현한 경우는 新莽期에 비로소 나타나지만, 山東臨沂金雀山畵像塼墓의 四神畵像塼 배치 사례에서 확인할 수 있듯이 魏晋期에도 묘실 안에서 四神의 자리 매김은 확실하지 않다. 四神이 여러 翔禽瑞獸의 하나로도, 門을 지키는 존재의 하나로도 나타나는 江蘇邳縣彭城相繆宇墓(151년) 畵像에서와 같은 유동적인 상황이 魏晋期에 이르러서도 해소되지 않고 있는 것이다. 그러면 호남, 안휘, 절강 지역의 경우는 어떠할까.

표 4) 한~위진 사신도의 표현 사례4(산동,강소일대)

지역	유적명	년대	표현방식 및 기물	회화,문양의 주제	사신 표현 위치와 내용 / 사신의 동반요소: 청룡	백호	주작	현무	회화,문양 내사신비중 및역할	기타
山東	諸城楊家庄子26號漢墓 出土木棺	前漢中	木棺畵	神獸	棺底下面,雙翼飛龍 (青龍,褐龍)			棺底下面,거북3마리	중심제재, 天界一員	용과 거북이 교대로 배치
					삼색구름,거북			삼색구름,용		
	臨沂金雀山9號漢墓 出土木棺	前漢中	銘旌畵	乘仙	銘旌下端				중심제재, 天界一員	
					해,달,산,인물					
	曲阜東安漢里畵像石槨	新莽	石槨畵像	乘仙	제3석(좌)	제2석(우)	제6석(전)正面좌우, 雙주작	제7석(후)正面좌우, 雙현무	중심제재, 天界一員	선인이 용의 꼬리를잡거나,현무위에서 三枝果를잡고있는 모습
					穿璧文,두꺼비,곰,새,토끼,仙人	穿璧文,곰,새,개,토끼	花文,背面:2人爭鬪	花文,仙人,背面:2人侍立		
	臨沂金雀山畵像石塼墓	魏·晋	畵像塼	乘仙	玄室東壁 2층, 용에날개	玄室東壁 3층, 백호에 날개, 回道	玄室西壁 2층,朱雀口?端草	玄室北壁 3층	중심제재, 묘실수호	
					사자,말,인물,연꽃문,五銖錢文 화상전					
江蘇	邳縣彭城相繆宇墓	151년	墓室壁畵	乘仙	後室東壁南側(門口右側),各神獸곁에 '青龍', '口禽', '朱鳥', '玄武' 刻字(白虎는 불확실)				중심제재, 天界一員	
					'文吏', '福德羊, 麒麟'등 각종 翔禽瑞獸					
						後室東壁北側 (門口右側)				
						大儺圖(?)				

표 5) 한~위진 사신도의 표현 사례5(호남, 안휘, 절강일대)

지역	유적명	년대	표현방식 및 기물	회화,문양의 주제	사신 표현 위치와 내용 / 사신의 동반요소: 청룡	백호	주작	현무	회화,문양 내사신비중 및역할	기타
湖南, 安徽, 浙江	湖南長沙馬王堆1號漢墓出土帛畵	前漢中	帛畵	乘仙	좌우변, 對龍	중단, 對豹	중단,	중단, 大蛇, 龜	중심제재, 天界一員	용과 거북이 교대로 배치
					해,달,복희,여와,인물,力士,各種神獸,怪魚					
	湖南長沙馬王堆1號漢墓出土漆棺	前漢中	漆棺畵	神獸	側板,	側板,	側板,	側板,	중심제재, 漆棺保護	
					구름			玄武 자리에 神怪		
	安徽宿懸褚蘭1號漢畵像石墓	171년	石墓畵像	乘仙	前室南壁額枋(4석)下格,龍虎에 날개			출행,龍虎	중심제재, 天界一員	
					上格:출행,玄武					
					前室西壁正中(11석)下格,相對立舞					
					인물					
	安徽宿懸褚蘭2號漢畵像石墓	後漢末	石墓畵像	乘仙			前室西壁墓門(26석),南·北壁西側(27,28석)各上格		중심제재, 天界一員	
							門吏,羊			
	浙江海寧長安鎭畵像石墓	吳	石墓畵像	乘仙	前室北壁1層東端		前室西·南·北壁1層中央,南壁墓門上段左右	前室西壁1層北端, 거북만 표현	중심제재, 天界一員	吳孫權三女墓
					祥瑞圖(嘉禾,瑞木,天綠,麒麟 등)		祥瑞圖	祥瑞圖(比目魚,飛燕,靈芝 등)		
	安徽亳懸董園村2號墓	魏	石墓畵像	乘仙	石門左邊 '神龍' 刻字	石門右邊 '白虎' 刻字	石額上層, 雙鳳		중심제재, 묘실수호	현실고임에 天像圖,벽에깃발,인물,동물
					怪獸	怪獸	'群鹿圖' 刻字,羽人			

이들 지역의 사례를 정리한 표 5)를 살펴보자. 호남 지역에서도 前漢 中期의 帛畵에서부터 거북이 중요한 제재 하나로 등장한다. 그러나 魏晉期에 이르기까지 호남, 안휘, 절강 일대의 石墓畵像 등에서 사신은 乘仙과 관련한 여러 제재의 하나에 불과하다. 이 때문인지 四神의 모든 神獸를 방위, 방향에 맞추어 표현한 유적, 유물은 찾아보기 어렵다. 산동, 강소, 호남 등의 지역에서 方位神으로서의 四神에 대한 인식의 정립이 섬서 지역에 비해 시기적으로 늦음을 짐작할 수 있다.

동반제재를 함께 고려할 때, 다른 지역에 비해 산동, 강소, 호남 일원의 경우, 사신이 하늘 별자리의 상징으로 인식되거나, 묘실을 수호하는 존재로 인식된 정도는 약하다. 사신을 仙界와 관련한 신수들의 하나로만 인식, 표현하는 경향과 닿는 부분이다.

四川 지역 발견 漢~魏晉時期 유적, 유물에서 사신이 표현된 사례를 위에서와 같은 방식으로 알기 쉽게 정리하면 표 6)과 같다.[95]

표 6)에서 잘 드러나듯이 사천 일원에서 방위, 방향에 맞춘 사신 표현은 後漢初로 편년 되는 漢墓 출토 木棺裝飾에서 비로소 찾아진다. 2세기에 이르면 방위, 방향 개념에 맞춘 사신 표현을 석관 화상에서 비교적 쉽게 찾을 수 있게 된다. 그러나 같은 시기의 다른 석관 화상에서 四神의 수, 위치 등이 일정하지 않은 사례들을 찾는 것도 그리 어렵지 않다. 四川지역 석관 화상에서도 四神이 고유의 방위, 방향에 표현되는 것이 일반화되지는 않았음을 알 수 있다.

표 6) 한~위진 사신도의 표현 사례6(사천일대)

지역	유적명	년대	표현방식 및 기물	회화,문양의 주제	사신 표현 위치와 내용 / 사신의 동반요소: 청룡	백호	주작	현무	회화,문양 내사신비중 및역할	기타
四川	巫山江東咀干溝子漢墓出土銅牌	後漢初	牌文様	乘仙	左闕外側	右闕外側	雙闕上		주요제재, 仙界一員	
					玉璧,雙闕('天門'),西王母					
	巫山土城城東井欠1號漢墓出土銅牌	後漢初	牌文様	乘仙	左闕外側	右闕外側	雙闕上		주요제재, 仙界一員	
					雙闕('天門'),西王母					
	巫山麥沱漢墓出土銅牌	後漢初	牌文様	乘仙			雙闕上		주요제재, 仙界一員	
					雙闕,鳳鳥					
	巫山秀峰漢墓出土柿帝形銅牌	後漢初	牌文様	四神	柿葉(좌)	柿葉(우)	柿葉(상)	柿葉(하)	주요제재, 仙界一員	
	巫山淀粉廣漢墓出土方形銅牌	後漢初	牌文様	仙界	左	右	上	下	주요제재, 仙界一員	
					力士					
	簡陽鬼頭山漢墓出土3號石棺	2세기	石棺畵像	乘仙	左板'靑龍'	右板'白虎'	전당'口鳥'	후도'玆武'	주요제재, 仙界一員	
					仙人,神獸,樹木,車馬	雙闕,'天門',日月神		伏羲,女媧		
	新津永商鄕漢墓出土石棺(左棺)	2세기	石棺畵像	乘仙	우판		전당(雙朱雀銜靈芝), 우판	우판	주요제재, 仙界一員	후도:雙闕 좌판:出行
					우판:청룡,주작,현무 동반 출현					
	新津永商鄕漢墓出土石棺(右棺)	2세기	石棺畵像	乘仙	좌판,龍虎銜璧		전당	우판,龜蛇交尾	주요제재, 仙界一員	후도:天祿
								出行,仙人六博		
	新津石鑲灣漢崖墓出土石棺	2세기	石棺畵像	乘仙			前端		주요제재, 天界一員	
	함천사평漢墓出土石棺	2세기	石棺畵像	乘仙	측면,龍虎銜璧				주요제재, 天界一員	
	四川漢墓出土石棺1	2세기	石墓畵像	乘仙			측면,朱雀,玄武銜璧		주요제재, 天界一員	
	四川漢墓出土石棺2	2세기	石墓畵像	乘仙			측면,雙朱雀銜璧		주요제재, 天界一員	
	昭覺城北鄕熱赫溪東漢墓出土畵像塼	2세기	塼文様	四神			墓道		주요제재, 天界一員	
					墓室바닥,塼斜面(좌우전후의 위치에 따라 나누어 표현)					
					塼 중앙에 斜格文					
	昭覺竹核鄕合塼土丘東東漢墓出土畵像塼	2세기	塼文様	四神	墓室바닥,塼斜面(좌우전후의 위치에 따라 나누어 표현)				주요제재, 天界一員	
					塼 중앙에 斜格文					
	蘆山出土王暉石棺	212년	石棺畵像	乘仙	좌판	우판		후도	주요제재, 天界一員	

2세기 사천지역의 석관 화상에서도 사신은 乘仙과 관련한 여러 제재 가운데 하나이다. 그런데 이와 관련하여 관심을 모으는 것은 사신이 주로 雙闕로 표현되는 仙界의 門, 곧 天門의 좌우와 위에 배치된다는 사실이다. 사신이 天門의 수호자로 인식되었음을 알 수 있다.[96] 물론, 천문 너머의 세계를 주재하는 존재는 西王母로 상정되고 있다. 그렇다면, 죽은 이가 새 삶을 누리고자 하는 세계는 不死藥의 관리자, 인간의 長生不死를 가능케 할 수 있는 서왕모의 崑崙仙界라고 할 수 있다.[97] 결국, 사천지역에서도 사신은 仙界의 입구, 곧 再生, 不死世界의 문을 지키는 존재인 셈이다. 사천의 석관 화상에 雙闕과 함께 璧이 표현되는 이유, 의미를 알게 한다. 사천지역의 사신도 섬북 화상석묘의 묘문을 지키는 사신과 같은 역할을 부여받은 존재인 것이다.

南朝의 유적, 유물에서 사신이 표현된 사례를 위에서와 같은 방식으로 알기 쉽게 정리하면 표 7)과 같다.[98]

표 7)에서 먼저 눈에 띄는 것은 초기에는 무덤의 玄室 壁을 장식하는 여러 神獸의 하나에 불과하던 四神이 점차 화면의 중요한 제재로 떠올라 6세기 초에 이르면 중심제재로 자리 잡게 된다는 사실이다. 仙界의 일원이자 墓室守護者로서의 사신에 대한 인식의 강화를 읽게 하는 부분이다. 그런데 보다 흥미로운 것은 중심제재로 자리 잡은 듯하던 四神이 남조 後期에는 玄室 일부 벽에 청룡, 백호 등 일부 神獸만 모습을 드러낸다는 점이다. 물론 남조 後期의 대형 塼墓에 표현되는 사신은 이전과는 비할 수 없이 거대해져 각각 한 벽면을 가득 채울 지경에 이른

다. 그러나 화면 안에서의 비중의 증대에도 불구하고 후기 塼墓에 등장하는 청룡, 백호는 羽人에 이끌리며 죽은 이를 선계, 혹은 淨土로 인도하는 神獸로서의 성격을 강하게 지닌다.[99] 南朝의 사신에게 이러한 역할이 부여되었다면, 北朝에서는 어떠했을까.

北朝의 유적, 유물에서 사신이 표현된 사례를 위에서와 같은 방식으로 알기 쉽게 정리하면 표 8)과 같다.[100]

표 8)을 통해 알 수 있듯이 6세기 전반의 석관 화상에서 四神은 죽은 이를 등에 태우고 羽人에 이끌려 선계, 혹은 정토로 나아가는 神獸로 나타난다. 그러나 후반의 고분벽화에서 사신은 墓門, 혹은 玄室을 지키는 존재로서의 성격을 보다 강하게 드러낸다. 남조 塼墓 화상전의 사신과는 다른 모습이다. 비록 東魏, 北齊의 고분벽화에서 사신이 重複 표현되기도 하지만, 현실 벽에서 사신의 각 신수는 고유의 방위, 방향에 맞추어 묘사된다. 북조와 남조 사이에 사신을 인식하고 표현하는 방식에서 일정한 차이가 있음을 알 수 있다.[101]

표 7) 南朝의 사신도 표현사례

유적명	년대	표현방식 및 기물	회화,문양의 주제	사신 표현 위치와 내용 / 사신의 동반요소				회화,문양 내사신비중 및역할	기타
				청룡	백호	주작	현무		
江蘇江寧官家山六朝墓出土圓盆	吳末~西晉初	圓盆裝飾畵	乘仙	內壁				주요제재	
				內底:인물,金鳥,外壁:神獸,外底:丹書'吳口作上'					
江蘇鎭江東晋畵像塼墓	398년	畵像塼	神獸	현실동벽,서벽(좌우)각4폭,6폭		현실동벽,서벽,북벽(좌,우,후),6폭	현실북벽(후),6폭,龜蛇交尾	주요제재,묘실수호	
				千秋,萬歲,朱雀,獸首人身,獸首蛇,虎首戴蛇塼		千秋,萬歲,玄武獸首人身,獸首蛇,虎首戴蛇塼 등	紀年墨書名,朱雀,獸首蛇,虎首戴蛇塼		
雲南昭通后海子東晋壁畵墓	386년~394년	墓室壁畵	乘仙	현실서벽상층(우)'右青龍''玉女以草授龍'(墨書)'金女規聽而祠'(朱書)	현실동벽상층(좌)'左白虎'	현실남벽상층(전)'朱雀'	현실북벽상층(후)'玄武',龜蛇交尾	주요제재,묘실수호	
				'龍樓'等墨書,三足鳥,人物行列	出行	건물	묘주좌상,시종,墨書名		
江蘇丹陽胡橋1號南朝大墓(南齊景帝蕭道生墓)	제	畵像塼	乘仙		현실서벽중간(우)'大號'			주요제재,선계인도	무사,시종,죽림칠현
					羽人,天人	'朱雀'銘塼수습			
江蘇丹陽胡橋吳家村南朝大墓	제	畵像塼	乘仙	현실동벽상부(좌),'大龍'	현실서벽상부(우),'大虎'			주요제재,선계인도	해,달,무사,죽림칠현,사자
				羽人,天人,仙果	羽人,天人,三足鼎				
江蘇丹陽建山金家村南朝大墓	제	畵像塼	乘仙	현실동벽상부(좌),'大龍'	현실서벽상부(우),'大虎'			주요제재,선계인도	해,달,무사,죽림칠현,사자
				羽人,天人,仙果	羽人,天人,三足鼎				
福建閩侯南嶋南朝墓	제양	畵像塼	往生淨土	현실서북벽4층,8층(좌)	현실동남벽4층,8층(우)			주요제재	
				僧侶,寶相花,飛天,寶甁	侍者,寶相花,飛天,飛鶴				
河南鄧縣學庄畵像塼墓	6세기중	畵像塼	乘仙?	玄室	玄室	玄室	玄室	주요제재,묘실수호	
江蘇南京萬壽村1號墓	6세기중	畵像塼	乘仙?	玄室	玄室	玄室	玄室	주요제재,묘실수호	
江蘇常州南郊戚家村畵像塼墓	6세기후	畵像塼	乘仙	현실동벽	현실서벽	현실남벽	현실북벽	주요제재,묘실수호	
湖南襄陽賈家沖畵像塼墓	齊·梁~隋初	畵像塼	往生淨土	현실북벽12층,2매	현실남벽12층,2매			주요제재	
				千秋,萬歲,雙獅子,飛天,怪獸,蓮花,忍冬塼					

표 8) 北朝의 사신도 표현사례

유적명	년대	표현방식 및 기물	회화,문양의 주제	사신 표현 위치와 내용 / 사신의 동반요소: 청룡	백호	주작	현무	회화,문양 내사신비중 및역할	기타
河南洛陽出土北魏畵像石棺	6세기	石棺畵像	乘仙	좌판,墓主乘龍 羽人,고취악대,乘鳳侍女 관바닥 앞/뒤(좌) 앞:鬼面(방상씨?),뒤:靈芝 관바닥 좌측,우측 鬼神,異獸	우판,墓主婦人乘虎 鋪首,寶珠,門吏 관바닥 앞/뒤(우)	전당上部左右		주요제재,乘仙引導,仙果一員	
河南洛陽邙山下海資村出土北魏畵像石棺	6세기	石棺畵像	乘仙	좌판,墓主乘龍 羽人	우판,墓主婦人乘虎 羽人	전당,仙人乘雀 산악	후도,仙人乘武	주요제재,乘仙引導	
河南洛陽出土北魏畵像石棺	6세기	石棺畵像	乘仙	좌판,仙人乘龍	우판,仙人乘虎			주요제재,乘仙引導	
河南洛陽出土北魏墓誌	6세기	墓誌蓋線畵	四神	뚜껑,仙人乘龍 구름	뚜껑,仙人乘虎 구름	뚜껑,仙人乘雀 구름,서수,서조	뚜껑,仙人乘武 구름,괴수,산악	주요제재,乘仙引導	
北魏M本孝子傳道石棺	6세기전	石棺畵像	乘仙	외부문양	외부문양	외부문양	외부문양	주요제재, 석관보호	
北魏元暉墓出土墓誌	520년	墓誌蓋線畵	四神	뚜껑 구름				주요제재, 묘지보호	
河南洛陽北魏元乂墓	526년	墓室壁畵	乘仙	현실동벽(좌) ?	현실서벽(우) ?	현실남벽(전) ?	현실북벽(후) ?	주요제재, 묘실수호	천장:해,달,별자리, 묘실수호
北魏爾朱襲墓出土墓誌	529년	墓誌蓋線畵	乘仙	뚜껑,墓主乘龍	뚜껑,墓主婦人乘虎	뚜껑	뚜껑	주요제재, 묘지보호	
河北磁縣大塚營東魏茹茹公主墓	550년	墓室壁畵	乘仙	묘도입구동벽 구름,의장대 현실동벽 山川草木,묘주실내생활	묘도입구서벽 현실서벽	墓門墻,銜端草 蓮座,寶珠,鬼面 현실남벽	현실북벽	주요제재, 묘실수호	
山東臨朐治源北齊崔芬墓	551년	墓室壁畵	乘仙	현실동벽	현실서벽	현실남벽문동서측	현실북벽	주요제재, 묘실수호	
北齊灣漳墓	560년	墓室壁畵	乘仙	현실동벽	현실서벽	현실남벽	현실북벽	주요제재, 묘실수호	
山西壽陽賈家莊北齊庫狄迴洛墓	562년	墓室壁畵	?	墓門左板 구름	墓門右板 구름	墓門楣 구름		주요제재, 묘문수호	
河北磁縣東陣村北齊堯峻墓	567년	墓室壁畵	乘仙?			門墻 羽人,蓮花		주요제재, 묘문수호	
山西太原王郭村北齊婁叡墓	570년	墓室壁畵	往生淨土	묘문좌판 구름 현실동벽 雷公	묘문우판 구름 현실서벽 ?	묘문 상단좌우 중앙에 鬼面 ?	현실북벽 ?	중요제재, 묘문수호	의장,상서,천상 등으로 구성
山西太原金勝村北齊壁畵墓	6세기 후반	墓室壁畵	생활풍속	현실동벽	현실서벽			주요제재, 묘실수호	
陝西咸陽出土北周石棺畵像	6세기 후반	石棺畵像	四神	좌방 괴수,서수	우방 괴수			주요제재, 석관수호	

隋 및 初唐(581년~683년)의 유적, 유물에서 사신이 표현된 사례를 위에서와 같은 방식으로 알기 쉽게 정리하면 표 9)와 같다.[102)]

표 9)에서 잘 드러나듯이 隋와 初唐期 고분벽화의 중심 주제는 생활풍속이다.[103)] 앞 시기의 화상 및 벽화 등에서 즐겨 택해지던 乘仙, 淨土行과 같은 주제는 隋 및 唐初의 일부 石棺 畵像에서 채용되는 정도이다. 생활풍속을 주제로 삼은 고분벽화에서 거의 예외 없이 묘도 입구 좌우벽을 장식하는 존재로 그려진 四神의 역할은 무엇일까.

앞 시기의 고분벽화나 석관화상에서와 같이 羽人을 길잡이 삼아 묘주인부부를 仙界로, 혹은 淨土로 인도하는 존재로 보기는 어렵다. 죽은 자의 현세 삶의 한 때가 재현된 玄室 壁畵로 미루어 볼 때, 묘도 입구 벽의 청룡과 백호는 죽은 자의 쉼터이자 새로운 삶터 자체, 혹은 내세 삶터의 그림자라고 할 수 있는 묘실을 지키는 존재로 자리매김 되었을 가능성이 높다. 다만, 묘도 입구 좌우벽에 그려진 청룡, 백호에게 단순히 守門衛士와 같은 역할이 상정되었다면, 해, 달, 별자리와 함께 玄室 천장고임 각 방향에 그려진 四神에게는 28宿의 精氣가 형상화 한 존재로서의 方位神的 성격이 보다 강하게 부여되었다고 할 수 있을 것이다. 물론 方位神的 성격을 강하게 지닌 四神에 대한 인식은 위에서 살펴보았듯이 北朝의 전통과 맥이 닿는다.

盛唐前期(684년~709년) 및 後期(710년~756년)의 유적, 유물에서 사신이 표현된 사례를 위에서와 같은 방식으로 알기 쉽게 정리하면 표 10)[104)], 표 11)과 같다.[105)]

표 9) 隋·初唐의 사신도 표현사례(581년 ~ 683년)

<table>
<tr><th rowspan="3">유적명</th><th rowspan="3">년대</th><th rowspan="3">표현방식 및 기물</th><th rowspan="3">회화,문양의 주제</th><th colspan="4">사신 표현 위치와 내용</th><th rowspan="3">회화,문양 내사신비 중 및역할</th><th rowspan="3">기타</th></tr>
<tr><th colspan="4">사신의 동반요소</th></tr>
<tr><th>청룡</th><th>백호</th><th>주작</th><th>현무</th></tr>
<tr><td rowspan="2">陝西三原雙盛村隋李和墓出土石棺</td><td rowspan="2">582년</td><td rowspan="2">石棺畵像</td><td rowspan="2">天界</td><td>우판</td><td>좌판</td><td>전당·후도상부</td><td>후도 중간</td><td rowspan="2">주요제재,
석관보호</td><td rowspan="2"></td></tr>
<tr><td colspan="2">衛士,飛天,怪獸,天祿,蓮花文</td><td>鋪首,衛士,臥獸</td><td>구름,花文</td></tr>
<tr><td rowspan="2">山東嘉祥英山1號隋墓
(徐民行夫婦墓)</td><td rowspan="2">584년</td><td rowspan="2">墓室壁畵</td><td rowspan="2">생활풍속</td><td>玄室東壁上端(左)</td><td>玄室西壁上端(右)</td><td></td><td></td><td rowspan="2">주요제재,
묘실수호</td><td rowspan="2"></td></tr>
<tr><td>牛車,시녀,개</td><td>出行</td><td></td><td></td></tr>
<tr><td rowspan="2">河南洛陽出土隋代石棺</td><td rowspan="2">6세기말</td><td rowspan="2">石棺畵像</td><td rowspan="2">四神</td><td>좌판</td><td>우판</td><td>전당</td><td>후도</td><td rowspan="2">주요제재,
석관보호</td><td rowspan="2"></td></tr>
<tr><td></td><td></td><td></td><td></td></tr>
<tr><td rowspan="2">陝西三原雙盛村隋李壽墓</td><td rowspan="2">630년</td><td rowspan="2">石門畵像</td><td rowspan="2">天界</td><td></td><td></td><td>石門外面</td><td></td><td rowspan="2">주요제재,
묘실수호</td><td rowspan="2">石門裏面에天王</td></tr>
<tr><td></td><td></td><td>大獸外,獅子,忍冬</td><td></td></tr>
<tr><td rowspan="2">陝西三原雙盛村隋李壽墓出土石棺</td><td rowspan="2">630년</td><td rowspan="2">墓室壁畵</td><td rowspan="2">天界</td><td>우판</td><td>좌판</td><td>전당하부</td><td>전당상부</td><td rowspan="2">주요제재,
석관보호</td><td rowspan="2"></td></tr>
<tr><td>衛士,騎龍駕鳳仙人</td><td></td><td colspan="2">鋪首,騎龍駕鳳仙人,飛天,衛士</td></tr>
<tr><td rowspan="2">陝西禮泉三唐長樂公主墓</td><td rowspan="2">643년</td><td rowspan="2">墓室壁畵</td><td rowspan="2">생활풍속</td><td>묘도입구동벽(좌)</td><td>묘도입구서벽(우)</td><td></td><td></td><td rowspan="2">주요제재,
묘실수호</td><td rowspan="2"></td></tr>
<tr><td></td><td></td><td></td><td></td></tr>
<tr><td rowspan="2">陝西禮泉西周村唐阿史那
忠墓</td><td rowspan="2">653년 ~675년</td><td rowspan="2">墓室壁畵</td><td rowspan="2">생활풍속</td><td>묘도입구동벽(좌)</td><td>묘도입구서벽(우)</td><td></td><td></td><td rowspan="2">주요제재,
묘실수호</td><td rowspan="2">昭陵陪葬墓</td></tr>
<tr><td>의장대</td><td>牛車</td><td></td><td></td></tr>
<tr><td rowspan="2">四川萬泉唐再仁才墓</td><td rowspan="2">654년</td><td rowspan="2">墓室壁畵</td><td rowspan="2">생활풍속</td><td>묘도입구동벽(좌)</td><td>묘도입구서벽(우)</td><td></td><td></td><td rowspan="2">주요제재,
묘실수호</td><td rowspan="2"></td></tr>
<tr><td></td><td></td><td></td><td></td></tr>
<tr><td rowspan="2">陝西禮泉唐新城長公主墓</td><td rowspan="2">663년</td><td rowspan="2">墓室壁畵</td><td rowspan="2">생활풍속</td><td>묘도입구동벽(좌)</td><td>묘도입구서벽(우)</td><td></td><td></td><td rowspan="2">주요제재,
묘실수호</td><td rowspan="2"></td></tr>
<tr><td></td><td></td><td></td><td></td></tr>
<tr><td rowspan="2">寧夏周原唐阿史索岩墓</td><td rowspan="2">663년</td><td rowspan="2">墓室壁畵</td><td rowspan="2">생활풍속</td><td>묘도입구동벽(좌)</td><td>묘도입구서벽(우)</td><td></td><td></td><td rowspan="2">중요제재,
묘실수호</td><td rowspan="2"></td></tr>
<tr><td></td><td></td><td></td><td></td></tr>
<tr><td rowspan="2">陝西咸陽東北郊唐蘇君墓
(蘇定方墓)</td><td rowspan="2">667년</td><td rowspan="2">墓室壁畵</td><td rowspan="2">생활풍속</td><td>墓道東壁南端(좌)</td><td>墓道西壁南端(우)</td><td></td><td></td><td rowspan="2">주요제재,
묘실수호</td><td rowspan="2"></td></tr>
<tr><td colspan="2">의장대</td><td></td><td></td></tr>
<tr><td rowspan="2">山西太原金勝村337號墓</td><td rowspan="2">7세기
후반</td><td rowspan="2">墓室壁畵</td><td rowspan="2">생활풍속</td><td>玄室천장고임(좌)</td><td>玄室천장고임(우)</td><td>玄室천장고임(전)</td><td>玄室천장고임(후)</td><td rowspan="2">주요제재,
묘실수호</td><td rowspan="2">현실벽:위사,
樹下人物</td></tr>
<tr><td>해,별자리</td><td>달,별자리</td><td>별자리</td><td>별자리</td></tr>
</table>

표 10) 盛唐前期의 사신도 표현사례(684년～709년)

유적명	년대	표현방식 및 기물	회화,문양의 주제	사신 표현 위치와 내용				회화,문양 내사신비 중 및역할	기타
				사신의 동반요소					
				청룡	백호	주작	현무		
山西太原金勝村4號墓	696년	墓室壁畵	생활풍속	?	현실천장고임(우)	현실천장고임(전)	현실천장고임(후)	주요제재, 묘실수호	현실벽:樹下人物
山西太原金勝村6號墓	7세기말	墓室壁畵	생활풍속	현실천장고임(좌)	현실천장고임(우)	현실천장고임(전)	현실천장고임(후)	주요제재, 묘실수호	현실벽:樹下人物
				해,별자리,연꽃,구름	달,별자리,연꽃,구름	별자리,연꽃,구름	별자리,연꽃,구름		
山西太原金勝村7號墓	7세기말	墓室壁畵	생활풍속	현실천장고임(좌)	현실천장고임(우)	현실천장고임(전)	현실천장고임(후)	주요제재, 묘실수호	현실벽:위사,樹下人物,낙타,시녀
				해,별자리,連珠文	달,별자리,連珠文	구름,별자리,連珠文	구름,별자리,連珠文		
陝西乾懸唐章懷太子李賢墓	706년	墓室壁畵	생활풍속	묘도입구동벽(좌)	묘도입구서벽(우)			주요제재, 묘실수호	乾陵陪葬墓
				儀仗,客吏,出行	儀仗,客吏,馬毬		묘실수호		
陝西乾懸唐懿德太子李重潤墓	706년	墓室壁畵	생활풍속	묘도입구동벽(좌)	묘도입구서벽(우)			주요제재, 묘실수호	乾陵陪葬墓
				山,城墻,門樓					
陝西乾懸唐永泰公主李仙蕙墓	706년	墓室壁畵	생활풍속	묘도입구동벽(좌)	묘도입구서벽(우)			주요제재, 묘실수호	乾陵陪葬墓
				儀仗行列					
陝西西安南郊3號墓 (韋君夫人墓)	8세기	墓室壁畵	생활풍속	묘도입구동벽(좌)	묘도입구서벽(우)			주요제재, 묘실수호	묘실벽:의장행렬
				시위무사					
陝西西安南里王村唐韋洞墓	708년	墓室壁畵	생활풍속	묘도동벽북단	묘도서벽북단	묘도동벽, 서벽남단		주요제재, 묘실수호	
				건물골격					
성덕군절도사왕원유묘 출토석관		石棺畵像		좌판	우판	묘문석각좌우,전당	후도	주요제재, 석관보호	

표 11) 盛唐後期의 사신도 표현사례(710년～756년)

유적명	년대	표현방식 및 기물	회화,문양의 주제	사신 표현 위치와 내용 사신의 동반요소 청룡	백호	주작	현무	회화,문양 내사신비중 및역할	기타
陝西西安東郊唐薛莫夫婦墓	728년	墓室壁畵	생활풍속	묘도입구동벽(좌)	묘도입구서벽(우)			주요제재, 묘실수호	
				남녀시종,白鶴					
廣東韶關羅源洞唐張九齡墓	740년	墓室壁畵	생활풍속	玄室東壁(좌)				주요제재, 묘실수호	묘도:시녀
					시녀				
河南洛陽花園村唐睿宗貴妃豆盧氏墓出土墓誌	740년	墓誌斜面	四神	좌	우	전	후	주요제재, 묘지수호	
				구름					
陝西西安東郊唐蘇思勗墓	745년	墓室壁畵	생활풍속			玄室南壁	玄室北壁東側,龜蛇交尾	주요제재, 묘실수호	천장:해,달,별자리
				舞樂	인물		서측:남녀인물		
陝西咸陽底張灣唐張去奢墓	748년	墓室壁畵	생활풍속	묘도입구동벽(좌)	묘도입구서벽(우)			주요제재, 묘실수호	
新彊투르판아스타나38호묘	8세기중	墓室壁畵	생활풍속	묘도입구동벽(좌)	묘도입구서벽(우)			주요제재, 묘실수호	천장:해,달,28宿
陝西西安高樓村唐高元珪墓	756년	墓室壁畵	생활풍속	묘도입구동벽(좌)	묘도입구서벽(우)			주요제재, 묘실수호	
陝西西安高樓村唐高元珪墓棺床	756년	棺床畵				남측	북측	주요제재, 관상보호	

盛唐前期의 흐름을 정리한 표 10)을 먼저 살펴보자. 方位神으로서의 사신 인식과 표현은 7세기 말 山西太原金勝村 일대 고분벽화에서 주로 확인될 뿐이다. 玄室 천장고임에 방위에 맞추어 표현된 사신은 해, 달, 별자리를 동반함으로써 28宿의 화신으로서의 성격을 재확인시켜 준다. 太原 金勝村 일대 고분벽화에 반영된 사신 표현과 인식이 西安 일대의 것과 거리를 두고 있음이 특히 흥미롭다. 한편, 당시 唐 정치, 문화의 중심이던 섬서 西安 일대의 고분벽화에서 四神은 여전히 守門衛士와 같은 존재이다. 묘도 입구 좌우벽에 표현된 사신의 동반요소가 儀仗이나 出行, 門樓 등인 것에서 미루어 짐작할 수 있듯이 별자리와 관련된 방위신으로서의 성격은 거의 표면에 드러나지 않는다.[106)]

표 11)을 통해 확인되는 것은 8세기 전반에도 서안 일대를 중심으로 형성된 사신 인식과 표현의 기본 흐름은 바뀌지 않는다는 사실이다. 생활풍속을 주제로 한 서안 및 함양 일대의 고분벽화에서 청룡과 백호는 거의 예외 없이 묘도 입구의 좌우벽에 바깥을 향해 포효하는 자세로 자리 잡고 있다. 묘실의 수호자로 자신을 자리매김하고 있는 것이다. 그러나 陝西西安東郊唐蘇思勗墓(745) 벽화와 같이 玄室 벽에 주작, 현무 등을 표현함으로써 이 시기의 일반적인 흐름에서 벗어나는 사례도 보인다. 唐蘇思勗墓 벽화의 사신은 山西 太原 金勝村 初唐 시기 고분벽화로 이어진 北朝의 방위신으로서의 사신 인식과 표현의 맥이 盛唐期에도 간간이 이어지고 있었음을 보여주는 점에서 눈길을 끌만한 사례이다.

中唐 및 晩唐(756년~907년)의 유적, 유물에서 사신이 표현된 사례를 위에서와 같은 방식으로 알기 쉽게 정리하면 표 12)와 같다.[107)]

표 12)에서 먼저 눈에 띄는 것은 앞 시기까지의 사신 인식과 표현의 주된 흐름이 더 이상 유지되지 않는다는 사실이다. 고분벽화 주제는 여전히 생활풍속이 주류를 이루고 있지만 사신의 표현 위치는 일정하지 않으며 고분벽화 등에서 사신이 출현하는 빈도도 훨씬 낮아진다. 묘도 입구 좌우벽에 청룡, 백호가 묘사된 고분벽화도 어쩌다가 한 번씩 발견될 뿐이다. 墓誌 斜面에 새겨진 경우 이외에 사신의 각 神獸가 자신의 방위, 방향에 맞추어 제대로 표현된 사례도 쉽게 찾아지지 않는다. 晩唐期의 사회혼란 속에서 고분벽화와 같은 장의미술이 쇠퇴한 데에도 원인이 있겠지만, 사신이라는 존재가 지닌 의미, 역할 등에 대한 인식의 약화도 이러한 흐름에 영향을 준 듯하다. 실제 묘지 斜面에 표현된 사신 가운데에는 거의 생동감을 지니지 못한 모습인 경우도 보인다. 비록 묘지를 보호하는 존재로 새겨졌지만 사신의 역할에 대한 인식이 실제로는 내용을 지니지 못한 상태임을 알게 한다. 아무런 역동성도 보여주지 못하는 山東惠民縣出土定光佛舍利棺의 玄武畵像은 이후 사신에 대한 인식과 표현이 어떠한 방향으로 나아갈지 짐작하게 하는 구체적 사례에 해당한다.

표 12) 中唐 및 晩唐의 사신도 표현사례(756년~907년)

유적명	년대	표현방식 및 기물	회화,문양의 주제	사신 표현 위치와 내용 / 사신의 동반요소: 청룡	백호	주작	현무	회화,문양 내사신비중 및역할	기타
陝西西安唐安公主墓	784년	墓室壁畵	생활풍속			현실남벽	현실북벽	주요제재, 묘실수호	
陝西咸陽底張灣國大長公主墓	787년	墓室壁畵	생활풍속	묘도입구동벽(좌)	묘도입구서벽(우)	현실남벽		주요제재, 묘실수호	
甘肅敦煌飛机場IM39唐墓	8세기	塼畵	天界	照壁				주요제재	보고서 미간
				연꽃전,물결무늬전					
陝西西安出土唐文安公主墓誌	828년	墓誌斜面	神獸	좌	전	우	후,龜蛇交尾	주요제재, 묘지보호	
				구름, 밑변:12支					
陝西西安韓森寨唐姚存古墓	835년	墓室壁畵	생활풍속	묘도입구동벽(좌)	묘도입구서벽(우)			주요제재, 묘실수호	
				舞樂	인물				
陝西西安東郊家灘唐梁元翰墓	844년	墓室壁畵	생활풍속			현실남벽		주요제재, 묘실수호	
河南偃師縣杏園村1號墓出土李夫人墓誌	867년	墓誌斜面	四神	좌	우	전	후	주요제재, 묘지보호	
				구름					
河南偃師縣杏園村1號墓出土崔의凝下墓誌	896년	墓誌斜面	四神	좌	우	전	후	주요제재, 묘지보호	
				구름					
山東惠民縣出土定光佛舍利棺	唐末~五代初	石棺畵像	四神	좌판	우판	盝前部中央	후도,龜蛇交尾	중심제재, 석관보호	
				구름	山樹	구름,'定光佛','舍利棺'	구름,嘉禾		

이상에서 한~당대 유적, 유물 가운데 주로 장의미술품에 보이는 四神이 지닌 의미, 역할, 사신의 표현방식 등에 대해 살펴보았다. 그 결과, 漢代의 유적, 유물에서 사신이 본격적으로 표현되기 시작한 이후 1,000여 년의 시간을 두며 발전과 변화를 거듭해 온 사신에 대한 인식과 표현이 唐末에 이르러서는 크게 약화되고, 후퇴함을 알게 되었다. 이제 이상의 정리를 통해 얻어진 성과와 한계, 앞으로의 전망에 대해 살펴보기로 하자.

이 글에서 이루어진 성과의 하나로 먼저 들 수 있는 것은 장의미술품에 한정되었지만, 한~당대에 걸친 사신 표현 자료의 상당량이 일차 정리되었다는 사실이다. 아직까지 국내외에서 이와 관련한 자료의 정리가 본격적으로 이루어지지 못했음을 고려할 때, 이 작업의 성과가 지닌 의미는 일정한 평가를 받을 만 하다고 하겠다.

다음으로 들 수 있는 것은 四神 표현 자료의 정리를 통해 한~당대의 사신 인식과 표현이 지역 및 시기별로 차이를 지니고 있음이 확인되었다는 점이다. 漢~魏晋代 사신에 대한 인식과 표현이 지역에 따라 차이를 드러낸다는 사실은 한~위진 문화의 성격에 대한 이해 및 평가와 관련하여 중요한 의미를 지닌다. 한~위진대에는 다음 시기에 비하면 특정한 관념이나 인식을 포함한 제반 문화요소의 보편적 확산에 한계가 있어 지역별로 문화적 개성이 유지될 수 있었음을 짐작하게 한다. 사신에 대한 인식과 표현은 남북조시대에는 南朝와 北朝 사이에 일정한 공통점과 차이점을 드러내다가 隋唐代에는 앞 시대와 같은 정도의 지역적 차이를 나타내지 않는다. 통일왕조의 출현이라는 사회적 변화가 종교 신앙을 비롯한 문화 전반에 영향을 끼친 때문에 나타난 현상인지 여부가 눈길을 끄는 부분이다.

이와 같은 성과가 지닌 의미에도 불구하고 이 글은 다음과 같은 연구상의 몇 가지 중요한 한계와 과제를 안고 있다. 첫째로 들어야 할 것은 이 글에서는 일상생활용품에 표현된 사신 관련 자료를 정리대상에 포함시키지 못하였다는 사실이다. 사신에 대한 신앙 및 표현이 한~당대 사회에 광범위한 영향을 미쳤을 가능성을 염두에 둔다면, 일상생활용품에 표현된 사신 관련자료 정리는 차후의 연구에서 반드시 이루어져야 할 것이다.

두 번째로 사신 인식 및 표현이 한~당대 사회의 동향과 구체적으로 어떤 관련을 맺고 있는지가 거의 검토되지 못한 점을 들 수 있다. 특히, 한~위진대와 남북조~수당대는 사회적 성격에 상당한 차이가 있는데, 시대에 따른 사회성격의 변화와 사신에 대한 인식 및 표현의 전개과정이 어떠한 유기적인 관계를 맺는지, 혹은 그렇지 않은지, 그 의미가 무엇인지에 대한 이해가 필요하나, 이 글에서는 이에 대한 접근이 시도되지 못하였다. 물론, 이 부분은 한~당대의 사회·문화적 흐름과 관련한 별도의 정리와 분석을 바탕으로 보다 전문적인 연구가 진행되어야 소기의 성과를 거둘 수 있는 분야이며, 현재로서는 필자의 역량을 넘어서는 과제이기도 하다. 때문에 기초 자료의 수집과 정리라는 성격을 강하게 지니는 이 글의 정리 결과를 받침으로 삼은 후속 작업을 기약할 수밖에 없음을 선배제현께서 양해해주기를 바랄 뿐이다.

세 번째로 위와 관련하여 한~당대의 종교·신앙과 사신 인식, 표현의 상호관계에 대한 구체적인 이해와 설명이 필요하나, 이 글에서는 이 부분을 담지 못하였다는 점이다. 漢代에 뚜렷이 나타나는 사신 표현의 지역적 차이가 지역에 따른 종교·신앙적 개성과는 어떤 관계에 있는지, 종교·신앙적 개성이 이에 작용하였다면 그 논리는 어떤 것이었는지, 이것이 사신 인식에 끼친 영향의 정도는 어떠하였는지 등이 이 글에서는 구체적으로 검토되지 못하였다는 사실이다. 앞으로의 글에서는 이에 대한 정리가 더 하여져야 할 것이다. 이외에 남조와 북조 사이에 사신 표현방식의 차이가 발생한 이유, 수당대에 사신인식 및 표현이 약화된 원인으로는 어떠한 종교·신앙적 흐름을 들 수 있는지 등도 해명과 논증을 필요로 하나 이 글에서는 다루지 못하였다.

미주

1) 濮陽市文物管理委員会·濮陽市博物館·濮陽市文物工作隊, 「濮陽西水坡遺址試掘簡報」『中原文物』 1988年1期; 濮陽市文物管理委員会·濮陽市博物館·濮陽市文物工作隊, 「河南濮陽西水坡遺址発掘簡報」『文物』 1988年3期; 濮陽西水坡遺址考古隊, 「1988年河南濮陽西水坡遺址発掘簡報」『考古』 1989年12期.
2) 평양부근 古墓에서 출토된 後漢代 銅鏡 '新尚方作方格規矩四神鏡'과 평양 貞柏里2号墳 출토 青盖盤竜四霊三瑞鏡 銘文(左竜右虎辟不羊 朱鳥玄武順陰陽)에서 잘 드러나듯이 고대 중국에서 龍虎는 辟邪를, 朱雀·玄武는 陰陽의 조화를 담당하는 존재로 여겨졌다. 西水坡遺址45号墓로 볼 때, 龍虎를 辟邪의 신수로 여기는 관념이 신석기시대에 이미 성립했을 가능성도 적극 고려해봄 직하다.
3) 呼林貴·孫鉄山·李恭, 「西安東郊国棉五広漢墓発掘簡報」『文博』1991年4期.
4) 실제 高似孫이 撰한 『緯略』이나, 『禮記』「曲礼」正義注에도 언급되었듯이 현무는 본래 거북의 다른 이름이다.(玄武即亀之異名 亀水属也 水属北色黒故曰玄 亀有甲 甲能捍禦故曰武『緯略』; 軍前宜捷故用鳥 軍後須殿捍故用玄武 玄武亀也 亀有甲 能禦侮用也 『禮記』「曲礼」正義注) 구사교미형 현무에 대한 언급은 『説文解字』 등의 문헌에서 보이기 시작한다.(亀頭与蛇頭同 天地之性 広肩無雄 亀鼈之類 以蛇為雄 『説文解字』巻13 亀条; 大腰無雄 亀鼈類也 無雄与蛇通気即孕 『博物志』「物性篇」)
5) 孫机, 「几種漢代的図案紋飾」『文物』1982年3期; 倪潤安, 「論兩漢四霊的源流」『中原文物』1999年1期; 守永知子, 「南北朝における青竜·白虎図」『美術史研究』23, 1986; 斉藤忠, 「中国古代墳墓の壁画の中の墓主図と四神図」『壁画古墳の系譜』後篇第1章第3節(『日本考古学研究』2, 学生社) 1989; 東潮, 「北朝·隋唐と高句麗壁画」『国立歴史民俗博物館研究報告』 80, 1999.
6) 이 글의 주된 분석대상은 帛画, 銘旌画, 石墓画像, 古墳壁画, 各種 棺画, 棺飾文, 고분 출토 各種 器物의 그림, 문양과 같은 장의미술 중의 四神

및 관련표현들이다. 瓦当, 銅鏡 등 사신이 표현된 지상건축물의 附材 및 일상용품은 그 종류와 수량상 별도의 글을 통한 정리가 요구되므로 이 글의 분석대상에는 포함시키지 않았다. 발굴보고서 등을 통해 필자가 찾아낸 장의미술 중의 사신 표현 사례는 모두 125건(前漢 및 新 21건, 後漢 30건, 三国 및 魏晋 9건, 南北朝 27건, 隋唐 38건)이다. 사신 표현의 위치, 특징, 사신의 동반요소, 표현 기물 주제와 사신의 관계 등에 대해서는 제3장의 표 1)~표 12)에서 정리.

7) 漢~魏晋代에는 유적, 유물의 지역적 특성이 비교적 뚜렷이 드러나는 반면, 남북조시대 이후에는 시기에 따른 변화가 오히려 잘 나타난다. 이 글에서도 이러한 점을 고려하여 한~위진대 자료는 주요 지역별로 나누어 정리하고, 남북조 및 수당대 자료는 시기별로 나누어 분석하고자 한다.

8) 中国社会科学院考古研究所,『満城漢墓発掘報告』文物出版社, 1980.

9) 閻道衡,「永城芒山柿園発見梁国王壁画墓」『中原文物』1990年1期; 鄭清森,「永城漢墓壁画掲取記」『文物天地』1996年4期.

10) 洛陽博物館,「河南金谷園新莽時期壁画墓」『文物資料綜刊』1985年9期.

11) 四神과 별자리의 관계는 漢代에 개념화 작업이 구체적으로 이루어지면서, 사신을 28宿의 상징으로 인식하고 이를 도상으로 나타내는 데에까지 나아간다. 張衡의『靈憲』등 여러 문헌에서 하늘세계의 사신에 대한 인식과 관련한 구절들을 찾아볼 수 있다.(紫宮為皇極之居 太微為五帝之延 明堂之房 大角有席 天市有坐 蒼竜連蜷於左 白虎猛拠於右 朱雀奮翼於前 靈亀垂首於後『靈憲』; 四方皆有七宿 各成一形 東方成竜形 西方成虎形 皆南首而北尾 南方成鳥形 北方成亀形 皆西首而東尾『爾雅』「釈天」邢昺疏; 朱鳥玄武青竜白虎四方宿名也『禮記』「曲礼」孔穎達正義)

12) 周到·李京華,「唐河針織廠漢画像石墓的発掘」『文物』1973年6期.

13) 南陽市文物研究所,「河南省鄭州市梁寨漢画像石墓」『中原文物』1996年3期; 南陽市文物研究所,「河南省南陽市十里鋪2号画像石墓」『中原文物』1996年3期.

14) 山西省文物管理委員会,「山西平陸棗園村壁画漢墓」『考古』1959年9期.

15) 宋 羅願이 撰한『爾雅翼』에는 後漢末 龍을 그릴 때에 통용되었다는 '三停九似之説'이 소개되어 있다.(王符称世俗画竜之像 馬首蛇尾 又有三停九似之説 謂自首至膊 膊至腰 腰至尾 皆相停也 九似者 角似鹿 頭似駝 眼似鬼 項似蛇 腹似蜃 鱗似魚 爪似応 掌似虎 耳似牛『爾雅翼』巻二十八「龍条」) 이와 같은 표현원칙을 그대로 받아들이기는 어려웠을 것이나, '三停'과 같이 통용이 가능한 부분은 백호 묘사에 적용했을 가능성이 높다.

16) 遼寧省博物館文物隊·朝陽地区博物館文物隊·朝陽県文化館,「朝陽袁台子東晋壁画墓」『文物』1984年6期.

17) 咸陽市文管会·咸陽市博物館,「咸陽市空心塼漢墓清理簡報」『考古』1982年3期.
18) 王志杰·朱捷元,「漢茂陵及其陪葬塚附近新発現的重要文物」『文物』1976年7期.
19) 陝西省考古研究所·西安交通大学,「西安交通大学西漢壁画墓発掘簡報」『考古与文物』1990年4期.
20) 宝鴎市博物館·千陽県文化館,「陝西省千陽県漢墓発掘簡報」『考古』1975年3期.
21) 李林·康蘭英·趙力光,『陝北漢代画像石』陝西人民出版社, 1995.
22) 呉蘭·志安·春寧,「綏徳新店発現的兩座画像石墓」『考古与文物』1993年1期.
23) 呉蘭·志安·春寧,「綏徳新店発現的兩座画像石墓」『考古与文物』1993年1期; 李林·康蘭英·趙力光,『陝北漢代画像石』, 陝西人民出版社, 1995.
24) 山西省考古研究所·呂梁地区文物工作室·離石県文物管理所,「山西離石馬茂庄東漢画像石墓」『文物』1992年4期; 山西省考古研究所·呂梁地区文物工作室·離石県文物管理所,「山西離石再次発現東漢画像石墓」『文物』1996年4期.
25) 甘粛省博物館,「武威雷台漢墓」『考古学報』1974年2期.
26) 甘粛省文物管理委員会,「酒泉下河清第1号墓和第18号墓発掘簡報」『文物』1959年10期.
27) 甘粛省文物考古研究所,「甘粛酒泉西溝村魏晋墓発掘報告」『文物』1996年7期.
28) 施愛民,「民楽八卦営墓葬·壁画·古城」『糸綢之路』1998年3期.
29) 甘粛省博物館,「酒泉, 嘉峪関晋墓的発掘」『文物』1979年6期; 張明川,「酒泉丁家閘古墓壁画芸術」『文物』1979年6期.
30) 湖南省博物館·中国科学院考古研究所,『長沙馬王堆1号漢墓』文物出版社, 1973.
31) 臨沂金雀山漢墓発掘組,「山東臨沂金雀山九号漢墓発掘簡報」『文物』1977年11期.
32) 劉家驥·劉炳森,「金雀山西漢帛画摹後感」『文物』1977年11期.
33) 諸城県博物館,「山東諸城県西漢木槨墓」『考古』1987年9期.
34) 蒋英炬,「略論曲阜'東安漢里画像石」『考古』1985年12期.
35) 南京博物院·郫県文化館,「東漢彭城相繆宇墓」『文物』1984年8期.
36) 王歩毅,「安徽宿県褚蘭漢画像石墓」『考古学報』1993年4期.
37) 嘉興地区文管会·海寧県博物館,「浙江海寧東漢画像石墓発掘簡報」『文物』1983年5期; 岳鳳霞·劉興珍,「浙江海寧長安鎮画像石」『文物』1984年3期.

38) 臨沂市博物館,「山東臨沂金雀山画像塼墓」『文物』1995年6期.
39) 趙殿增·袁曙光, 「天門考-兼論四川漢画像塼(石)的組合与主題」『四川文物』 1990年6期.
40) 俄比解放, 「四川省昭覚県出土的漢代画像石」『考古与文物』1994年3期.
41) 雷建金, 「簡陽県鬼頭山発現榜題画像石棺」『四川文物』1988年6期; 鄭衛, 「新津県出土兩具漢代画像石棺」『四川文物』1996年5期.
42) 南京市博物館,「江蘇江寧官家山六朝早期墓」『文物』1986年12期.
43) 雲南省文物工作隊, 「雲南省昭通后海子東晋壁画墓清理簡報」『文物』1963年12期.
44) 鎮江市博物館,「鎮江東晋画像塼墓」『文物』1973年4期.
45) 福建省博物館,「福建閩侯南嶋南朝墓」『考古』1980年1期.
46) 襄樊市文物管理処,「襄陽賈家冲画像塼墓」『江漢考古』1986年1期.
47) 南京博物院,「江蘇丹陽胡橋南朝大墓及塼刻壁画」『文物』1974年2期.
48) 南京博物院,「江蘇丹陽胡橋南朝大墓及塼刻壁画」『文物』1974年2期.
49) 尺木이란 본래는 '한 치의 나무'라는 뜻으로 쓰였으나 시대의 흐름에 따라 용의 승천에 반드시 필요한 매개물로 개념화된 용어이다. 『論衡』에서 언급된 척목과 『酉陽雜俎』에서 설명하는 척목은 시대에 따른 척목 개념의 변화 양상을 잘 드러낸다.(短書 龍無尺木無以升天, 又言尺木 謂龍從木中升天也 『論衡』「龍虚篇」, 龍頭上有一物 如博山形 名尺木 龍無尺木不能升天 『酉陽雜俎』 「鱗介篇」) 척목에 대한 정리로는 小杉一雄, 「龍の尺木について」 『美術史研究』第六冊, 1968; 守永知子, 「南北朝における青竜.白虎図」『美術史研究』第二十三冊, 1986 참조.
50) 全虎兌, 「高句麗의 五行信仰과 四神図」『国史館論叢』48, 1993.
51) 柳涵,「鄧県画像塼墓的時代和研究」『文物』1959年5期.
52) 常州市博物館,「常州南郊戚家村画像塼墓」『文物』1979年3期; 林樹中,「常州画像塼墓的年代与画像塼的芸術」『文物』1979年3期.
53) 洛陽博物館,「洛陽北魏画像石棺」『文物』1980年3期.
54) 中国美術全集編輯委員会編,『中国美術全集』巻19, 石刻線画, 1989, pl.17, 20, 22; 西安碑林.
55) 洛陽博物館, 「河南洛陽北魏元乂墓調査」 『文物』1974年12期; 湯池, 「東魏茹茹公主墓壁画試探」『文物』1984年4期; 王仁波, 「隋唐時期的墓室壁画」(『中国美術全集』巻18, 墓室壁画, 1989); 山西省考古研究所·太原市文物管理委員会, 「太原市北斉婁叡墓発掘簡報」 『文物』1983年10期; 中国美術全集編輯委員会編, 『中国美術全集』巻19, 石刻線画, 1989, pl.27.
56) 洛陽博物館, 「河南洛陽北魏元乂墓調査」『文物』1974年12期
57) 湯池, 「東魏茹茹公主墓壁画試探」『文物』1984年4期.
58) 山西省考古研究所·太原市文物管理委員会, 「太原市北斉婁叡墓発掘簡報」

『文物』1983年10期

59) 陝西省文物管理委員会, 「陝西省三原県双盛村隋李和墓清理簡報」『文物』1966年1期; 山東省博物館, 「山東嘉祥県英山一号隋墓清理簡報」『文物』1981年4期.

60) 陝西省文物管理委員会, 「陝西省三原県双盛村隋李和墓清理簡報」『文物』1966年1期

61) 山東省博物館, 「山東嘉祥県英山一号隋墓清理簡報」『文物』1981年4期.

62) 洛陽博物館, 「河南洛陽北魏元乂墓調査」『文物』1974年12期

63) 中国美術全集編輯委員会編, 『中国美術全集』巻19, 石刻線画, 1989, pl.31.

64) 全虎兌, 「高句麗의 五行信仰과 四神図」『国史館論叢』48, 1993.

65) 陝西省博物館·文管会,「唐李寿墓発掘簡報」『江漢考古』1974年9期.

66) 陝西省文物管理委員会·禮泉県昭陵文管所, 「唐阿史那忠墓発掘簡報」『考古』1977年2期; 陝西省社会科学院考古研究所, 「陝西咸陽唐蘇君墓発掘」『考古』1977年2期.

67) 陝西省文物管理委員会·禮泉県昭陵文管所, 「唐阿史那忠墓発掘簡報」『考古』1977年2期

68) 山西省文物管理委員会, 「太原市金勝村第六号唐代壁画墓」『文物』1959年8期; 山西省文物管理委員会, 「太原南郊金勝村唐墓」『文物』1959年9期; 山西省考古研究所, 「太原市南郊唐代壁画墓清理簡報」『文物』1988年12期; 山西省考古研究所·太原市文管会, 「太原金勝村337号唐代壁画墓」『文物』1990年12期.

69) 山西省考古研究所·太原市文管会, 「太原金勝村337号唐代壁画墓」『文物』1990年12期.

70) 陝西省博物館·乾県文教局唐墓発掘組, 「唐章懐太子墓発掘簡報」『文物』1972年7期; 陝西省博物館·乾県文教局 唐墓発掘組, 「唐懿徳太子墓発掘簡報」『文物』1972年7期; 陝西省文物管理委員会, 「唐永泰公主墓発掘簡報」『文物』1964年1期; 王育竜, 「西安南郊唐韋君夫人等墓葬清理簡報」『考古与文物』1989年5期.

71) 陝西省文物管理委員会, 「長安県南里王村唐韋泂墓発掘記」『文物』1959年8期.

72) 陝西省文物管理委員会, 「西安東郊唐墓清理記」『考古通信』1956年6期.

73) 賀梓城,「唐墓壁画」『文物』1959年8期; 王仁波, 「隋唐時期的墓室壁画」(『中国美術全集』巻18, 墓室壁画, 1989).

74) 王仁波, 「隋唐時期的墓室壁画」(『中国美術全集』巻18, 墓室壁画, 1989).

75) 新疆維吾爾自治区博物館, 「吐魯番県阿斯塔那-哈拉和卓古墳墓群清理簡報」『文物』1973年10期.

76) 広東省文物管理委員会·華南師範学院歴史系, 「唐代張九齢墓発掘簡報」

『文物』1961年6期.

77) 陝西省考古研究所唐墓工作組,「陝西西安東郊蘇思勗墓清理簡報」『考古』1960年1期.

78) 賀梓城,「唐墓壁画」『文物』1959年8期

79) 王仁波,「隋唐時期的墓室壁画」(『中国美術全集』巻18, 墓室壁画, 1989).

80) 王輝·周広済·毛瑞林,「敦煌飛机場考古発掘」『糸綢之路』1997年1期.

81) 洛陽市文物工作隊,「唐睿宗貴妃豆盧氏墓発掘簡報」『文物』1995年8期.

82) 桑紹華·張蘊,「西安出土文安公主等墓誌及郭彦塔銘」『考古与文物』1988年4期.

83) 偃師商城博物館,「河南偃師県四座唐墓発掘簡報」『考古』1992年11期.

84) 偃師商城博物館,「河南偃師県四座唐墓発掘簡報」『考古』1992年11期.

85) 張正嶺,「西安韓森寨唐墓清理記」『考古通信』1957年5期.

86) 王仁波,「隋唐時期的墓室壁画」(『中国美術全集』巻18, 墓室壁画, 1989).

87) 常叙政·朱学山,「山東省恵民県出土定光仏舎利棺」『文物』1987年3期.

88) 표 1)의 작성에 참고한 도록, 보고서, 논문은 다음과 같다: 中国社会科学院考古研究所, 満城漢墓発掘報告』文物出版社, 1980; 山西省文物管理委員会,「山西平陸棗園村壁画漢墓」『考古』1959年9期.; 閻道衡,「永城芒山柿園発見梁国王壁画墓」『中原文物』1990年1期; 鄭清森,「永城漢墓壁画掲取記」『文物天地』1996年4期; 洛陽博物館,「河南金谷園新莽時期壁画墓」『文物資料綜刊』1985年9期; 周到·李京華·唐河針織廠漢画像石墓的発掘」『文物』1973年6期; 南陽市文物研究所,「河南省鄭州市梁寨漢画像石墓」『中原文物』1996年3期; 南陽市文物研究所,「河南省鄭州市梁寨漢画像石墓」『中原文物』1996年3期; 遼寧省博物館文物隊·朝陽地区博物館文物隊·朝陽県文化館,「朝陽袁台子東晋壁画墓」『文物』1984年6期.

89) '四勢'를 이론적으로 개념화 시킨 대표적인 인물로 東晋의 郭璞을 들 수 있다. 郭璞의『錦嚢経』에는 다음과 같은 구절이 있다. 夫葬以左為青竜 右為白虎 前為朱雀 後為玄武 玄武垂頭 朱雀翔舞 青竜蜿蜒 白虎蹲踞 形勢反 法当破死『錦嚢経』「四勢篇」

90) 林巳奈夫,「中国古代の玉器、琮について」『東方学報』60, 京都,1988.

91) 표 2)의 작성에 참고한 도록, 보고서, 논문은 다음과 같다: 咸陽市文管会·咸陽市博物館,「咸陽市空心塼漢墓清理簡報」,『考古』1982年3期; 王志杰·朱捷元,「漢茂陵及其陪葬塚附近新発現的重要文物」,『文物』1976年7期; 陝西省考古研究所·西安交通大学,「西安交通大学西漢壁画墓発掘簡報」,『考古与文物』1990年4期; 宝鶏市博物館·千陽県文化館,「陝西省千陽県漢墓発掘簡報」,『考古』1975年3期; 李林·康蘭英·趙力光,『陝北漢代画像石』陝西人民出版社, 1995; 呉蘭·志安·春寧,「綏徳新店発現的兩座画像石墓」,『考古与文物』1993年1期.

92) 표 3)의 작성에 참고한 도록, 보고서, 논문은 다음과 같다: 甘粛省博物館,「武威雷台漢墓」,『考古学報』1974年2期; 甘粛省文物管理委員会,「酒泉下河清第1号墓和第18号墓発掘簡報」,『文物』1959年10期; 甘粛省文物考古研究所,「甘粛酒泉西溝村魏晋墓発掘報告」,『文物』1996年7期; 施愛民,「民楽八卦営墓葬·壁画·古城」『糸綢之路』1998年3期; 甘粛省博物館,「酒泉, 嘉峪関晋墓的発掘」,『文物』1979年6期; 張明川,「酒泉丁家閘古墓壁画芸術」『文物』1979年6期.

93) 표4)의 작성에 참고한 도록, 보고서, 논문은 다음과 같다: 臨沂金雀山漢墓発掘組,「山東臨沂金雀山九号漢墓発掘簡報」『文物』1977年11期; 劉家驥.劉炳森,「金雀山西漢帛画摹後感」『文物』1977年11期; 諸城県博物館,「山東諸城県西漢木槨墓」『考古』1987年9期; 蒋英炬,「略論曲阜'東安漢里画像石」『考古』1985年12期; 臨沂市博物館,「山東臨沂金雀山画像塼墓」『文物』1995年6期.

94) 표 5)의 작성에 참고한 도록, 보고서, 논문은 다음과 같다: 湖南省博物館.中国科学院考古研究所,『長沙馬王堆1号漢墓』 文物出版社, 1973; 南京博物院, 郫県文化館,「東漢彭城相繆宇墓」『文物』1984年8期; 王歩毅,『安徽宿県褚蘭漢画像石墓」『考古学報』1993年4期; 嘉興地区文管会·海寧県博物館,「浙江海寧東漢画像石墓発掘簡報」『文物』1983年5期; 岳鳳霞·劉興珍,「浙江海寧長安鎮画像石」『文物』1984年3期.

95) 표 6)의 작성에 참고한 도록, 보고서, 논문은 다음과 같다: 趙殿増·袁曙光,「天門考-兼論四川漢画像塼(石)的組合与主題」『四川文物』1990年6期; 俄比解放,「四川省昭覚県出土的漢代画像石」『考古与文物』1994年3期; 雷建金,「簡陽県鬼頭山発現榜題画像石棺」『四川文物』1988年6期; 鄭衛,「新津県出土兩具漢代画像石棺」『四川文物』1996年5期.

96) 趙殿増·袁曙光,「天門考-兼論四川漢画像塼(石)的組合与主題」『四川文物』1990年6期.

97) 서왕모의 곤륜선계에 대해서는 全虎兌,「山西離石漢墓画像의 乗仙図」『美術資料』56, 1995; 全虎兌,「漢画像石의 西王母」『美術資料』59, 1997 참조

98) 표 7)의 작성에 참고한 도록, 보고서, 논문은 다음과 같다: 南京市博物館,「江蘇江寧官家山六朝早期墓」『文物』1986年12期; 雲南省文物工作隊,「雲南省昭通后海子東晋壁画墓清理簡報」『文物』1963年12期; 鎮江市博物館,「鎮江東晋画像塼墓」『文物』1973年4期; 襄樊市文物管理処,「襄陽賈家冲画像塼墓」『江漢考古』1986年1期; 柳涵,「鄧県画像塼墓的時代和研究」『文物』1959年5期; 常州市博物館,「常州南郊戚家村画像塼墓」『文物』1979年3期; 福建省博物館,「福建閩侯南嶋南朝墓」『考古』1980年1期; 南京博物院,「江蘇丹陽胡橋南朝大墓及塼刻壁画」『文物』1974年2期; 南京

博物院,「東漢彭城相繆宇墓」『文物』1980年2期.

99) '尺木'이 승천에 반드시 필요한 매개물로 언급되는 것도 독립적 신수로서의 사신에 대한 인식의 약화와 관련하여 이해될 수 있을 것이다. (전호태,「高句麗의 玉行信仰과 四神図」『国史館論業』48, 1993)

100) 표 8)의 작성에 참고한 도록, 보고서, 논문은 다음과 같다: 洛陽博物館,「洛陽北魏画像石棺」『文物』1980年3期; 西安碑林; 洛陽博物館,「河南洛陽北魏元乂墓調査」『文物』1974年12期; 湯池,「東魏茹茹公主墓壁画試探」『文物』1984年4期; 磁県文化館,「河北磁県東陳村北斉尭峻墓」『文物』1984年4期; 王仁波,「隋唐時期的墓室壁画」(『中国美術全集』巻18, 墓室壁画, 1989); 山西省考古研究所·太原市文物管理委員会,「太原市北斉婁叡墓発掘簡報」『文物』1983年10期

101) 北朝 後期의 사신 인식 및 표현은 고구려 후기 고분벽화 四神図 및 그 바탕이 되는 인식과 관련이 있을 가능성이 높다.(全虎兌,「高句麗의 五行信仰과 四神図」『国史館論叢』48, 1993; 金一権「魏晋 隋唐代 古墳壁画의 天文星宿図 考察」『韓国文化』24, 1999)

102) 이하 수당대 유적, 유물중의 사신표현 시례의 정리는 시기를 나누어 표를 작성하였다. 시기는 일반역사상의 구분 기준을 따랐다. 唐代의 경우, 수 및 초당을 한 시기로 잡았으며, 성당은 전기와 후기로 나누었고, 중당 및 만당을 한 시기로 설정하였다. 표 9)의 작성에 참고한 도록, 보고서, 논문은 다음과 같다:「陝西省文物管理委員会, 唐永泰公主墓発掘簡報」『文物』1964年1期; 山東省博物館,「山東嘉祥県英山一号隋墓清理簡報」『文物』1981年4期; 陝西省博物館·文管会,「唐李寿墓発掘簡報」『江漢考古』1974年9期; 陝西省文物管理委員会·禮泉県昭陵文管所,「唐阿史那忠墓発掘簡報」『考古』1977年2期; 陝西省社会科学院考古研究所,「陝西咸陽唐蘇君墓発掘」『考古』1977年2期; 山西省考古研究所·太原市文管会,「太原金勝村337号唐代壁画墓」『文物』1990年12期.

103) 王仁波,「隋唐時期的墓室壁画」(『中国美術全集』巻18, 墓室壁画, 1989)

104) 표 10)의 작성에 참고한 도록, 보고서, 논문은 다음과 같다: 山西省文物管理委員会,「太原市金勝村第六号唐代壁画墓」『文物』1959年8期; 山西省文物管理委員会,「山西平陸棗園村壁画漢墓」『考古』1959年9期; 山西省考古研究所,「太原市南郊唐代壁畫墓清理簡報」『文物』1988年12期; 陝西省博物館·乾県文教局唐墓発掘組,「唐章懐太子墓発掘簡報」『文物』1972年7期; 陝西省博物館·乾県文教局唐墓発掘組,「唐章懐太子墓発掘簡報」『文物』1972年7期; 陝西省文物管理委員会,「唐永泰公主墓発掘簡報」『文物』1964年1期; 王育竜,「西安南郊唐韋君夫人等墓葬清理簡報」『考古与文物』1989年5期; 陝西省文物管理委員会,「長安県南里王村唐韋泂墓発掘記」『文物』1959年8期.

105) 표 11)의 작성에 참고한 도록, 보고서, 논문은 다음과 같다: 陝西省文物管理委員会,「西安東郊唐墓清理記」『考古通信』1956年6期; 賀梓城,「唐墓壁画」『文物』1959年8期; 王仁波,「隋唐時期的墓室壁画」(『中国美術全集』巻18, 墓室壁画, 1989); 新疆維吾爾自治区博物館,「吐魯番県阿斯塔那-哈拉和卓古墳墓群清理簡報」『文物』1973年10期; 広東省文物管理委員会, 華南師範学院歴史系,「唐代張九齢墓発掘簡報」『文物』1961年6期; 陝西省考古研究所唐墓工作組,「陝西西安東郊蘇思勗墓清理簡報」『考古』1960年1期.

106) 西安地区唐墓壁画에 대한 개괄적 정리로는 宿白,「西安地区唐墓壁画的布局和内容」『考古学報』 1982年2期가 있다.

107) 표 12)의 작성에 참고한 도록, 보고서, 논문은 다음과 같다: 王仁波,「隋唐時期的墓室壁画」(『中国美術全集』 巻18, 墓室壁画, 1989); 王輝·周広済·毛瑞林,「敦煌飛机場考古発掘」『糸綢之路』1997年1期; 桑紹華·張蘊,「西安出土文安公主等墓誌及郭彦塔銘」『考古与文物』1988年4期; 偃師商城博物館,「河南偃師県四座唐墓発掘簡報」『考古』1992年11期; 張正嶺,「西安韓森寨唐墓清理記」『考古通信』1957年5期; 常叙政·朱学山,「山東省恵民県出土定光仏舎利棺」『文物』1987年3期.

표 목록

그림 목록

참고문헌

1) 기본사료

『禮記』『說文解字』『博物志』『爾雅』『靈憲』『論衡』『酉陽雜俎』『錦囊經』

2) 보고서 및 논저

가) 한국

金一權, 「魏晋 隋唐代 古墳壁畫의 天文星宿圖 考察」『韓國文化』24, 1999.

全虎兌, 「高句麗의 五行信仰과 四神圖」『國史館論叢』48, 1993.

全虎兌, 「山西離石漢墓畫像의 乘仙圖」『美術資料』56, 1995.

全虎兌, 「漢畫像石의 西王母」『美術資料』59, 1997.

나) 중국

嘉興地區文管會·海寧縣博物館, 「浙江海寧東漢畫像石墓發掘簡報」『文物』1983年5期.

甘肅省文物管理委員會, 「酒泉下河淸第1號墓和第18號墓發掘簡報」『文物』1959年10期.

甘肅省文物考古研究所, 「甘肅酒泉西溝村魏晋墓發掘報告」『文物』1996年7期.

甘肅省博物館,「武威雷台漢墓」『考古學報』1974年2期.
甘肅省博物館,「酒泉, 嘉峪關晋墓的發掘」『文物』1979年6期.
廣東省文物管理委員會·華南師範學院歷史系, 「唐代張九齡墓發掘簡報」『文物』1961年6期.
南京博物院,「江蘇丹陽胡橋南朝大墓及塼刻壁畵」『文物』1974年2期.
南京博物院,「江蘇丹陽胡橋·建山兩座南朝墓葬」『文物』1980年2期.
南京博物院·郫縣文化館,「東漢彭城相繆宇墓」『文物』1984年8期.
南陽市文物研究所,「河南省鄭州市梁寨漢畵像石墓」『中原文物』1996年3期.
南陽市文物研究所, 「河南省南陽市十里鋪2號畵像石墓」『中原文物』1996年3期.
南京市博物館,「江蘇江寧官家山六朝早期墓」『文物』1986年12期.
雷建金,「簡陽縣鬼頭山發現榜題畵像石棺」『四川文物』1988年6期.
洛陽博物館,「河南洛陽北魏元乂墓調査」『文物』1974年12期.
洛陽博物館,「洛陽北魏畵像石棺」『文物』1980年3期.
洛陽博物館,「河南金谷園新莽時期壁畵墓」『文物資料綜刊』1985年9期.
洛陽市文物工作隊,「唐睿宗貴妃豆盧氏墓發掘簡報」『文物』1995年8期.
柳涵,「鄧縣畵像塼墓的時代和研究」『文物』1959年5期.
林樹中,「常州畵像塼墓的年代與畵像塼的藝術」『文物』1979年3期.
寶鷄市博物館·千陽縣文化館,「陝西省千陽縣漢墓發掘簡報」『考古』1975年3期.
福建省博物館,「福建閩侯南嶋南朝墓」『考古』1980年1期.
濮陽西水坡遺址考古隊, 「1988年河南濮陽西水坡遺址發掘簡報」『考古』1989年12期.
濮陽市文物管理委員會·濮陽市博物館·濮陽市文物工作隊, 「濮陽西水坡遺址試掘簡報」『中原文物』1988年1期.
濮陽市文物管理委員會·濮陽市博物館·濮陽市文物工作隊, 「河南濮陽西水坡遺址發掘簡報」『文物』1988年3期.
山東省博物館,「山東嘉祥縣英山一號隋墓淸理簡報」『文物』1981年4期.
山西省考古研究所·太原市文物管理委員會,「太原市北齊婁叡墓發掘簡報」『文物』1983年10期.

山西省考古研究所, 「太原市南郊唐代壁畫墓淸理簡報」『文物』1988年12期.
山西省考古研究所·太原市文管會, 「太原金勝村337號唐代壁畫墓」『文物』1990年12期.
山西省考古研究所·呂梁地區文物工作室·離石縣文物管理所, 「山西離石馬茂庄東漢畫像石墓」『文物』1992年4期.
山西省考古研究所·呂梁地區文物工作室·離石縣文物管理所, 「山西離石再次發現東漢畫像石墓」『文物』1996年4期.
山西省文物管理委員會, 「太原市金勝村第六號唐代壁畫墓」『文物』1959年8期.
山西省文物管理委員會, 「太原南郊金勝村唐墓」『文物』1959年9期.
山西省文物管理委員會, 「山西平陸棗園村壁畫漢墓」『考古』1959年9期.
常敍政·朱學山, 「山東省惠民縣出土定光佛舍利棺」『文物』1987年3期.
桑紹華·張蘊, 「西安出土文安公主等墓誌及郭彥塔銘」『考古與文物』1988年4期.
常州市博物館, 「常州南郊戚家村畫像塼墓」『文物』1979年3期.
孫机, 「几種漢代的圖案紋飾」『文物』1982年3期.
施愛民, 「民樂八卦營墓葬·壁畫·古城」『絲綢之路』1998年3期.
新疆維吾爾自治區博物館, 「吐魯番縣阿斯塔那-哈拉和卓古墳墓群淸理簡報」『文物』1973年10期.
俄比解放, 「四川省昭覺縣出土的漢代畫像石」『考古與文物』1994年3期.
岳鳳霞·劉興珍, 「浙江海寧長安鎭畫像石」『文物』1984年3期.
襄樊市文物管理處, 「襄陽賈家冲畫像塼墓」『江漢考古』1986年1期.
偃師商城博物館, 「河南偃師縣四座唐墓發掘簡報」『考古』1992年11期.
閻道衡, 「永城芒山柿園發見梁國王壁畫墓」『中原文物』1990年1期.
倪潤安, 「論兩漢四靈的源流」『中原文物』1999年1期.
吳蘭·志安·春寧, 「綏德新店發現的兩座畫像石墓」『考古與文物』1993年1期.
王步毅, 「安徽宿縣褚蘭漢畫像石墓」『考古學報』1993年4期.
王育龍, 「西安南郊唐韋君夫人等墓葬淸理簡報」『考古與文物』1989年5期.

王仁波, 「隋唐時期的墓室壁畫」『中國美術全集』卷18, 墓室壁畫, 1989.
王志杰·朱捷元, 「漢茂陵及其陪葬冢附近新發現的重要文物」『文物』1976年7期.
王輝·周廣濟·毛瑞林, 「敦煌飛机場考古發掘」『絲綢之路』1997年1期.
遼寧省博物館文物隊·朝陽地區博物館文物隊·朝陽縣文化館, 「朝陽袁台子東晋壁畫墓」『文物』1984年6期.
雲南省文物工作隊, 「雲南省昭通后海子東晋壁畫墓淸理簡報」『文物』1963年12期.
劉家驥·劉炳森, 「金雀山西漢帛畫摹後感」『文物』1977年11期.
李林·康蘭英·趙力光, 『陝北漢代畫像石』陝西人民出版社, 1995.
臨沂金雀山漢墓發掘組, 「山東臨沂金雀山九號漢墓發掘簡報」『文物』1977年11期.
臨沂市博物館, 「山東臨沂金雀山畫像塼墓」『文物』1995年6期.
張明川, 「酒泉丁家閘古墓壁畫藝術」『文物』1979年6期.
蔣英炬, 「略論曲阜'東安漢里畫像'石」『考古』1985年12期.
張正嶺, 「西安韓森寨唐墓淸理記」『考古通信』1957年5期.
鄭衛, 「新津縣出土兩具漢代畫像石棺」『四川文物』1996年5期.
鄭淸森, 「永城漢墓壁畫揭取記」『文物天地』1996年4期.
諸城縣博物館, 「山東諸城縣西漢木槨墓」『考古』1987年9期.
趙殿增·袁曙光, 「天門考-兼論四川漢畫像塼(石)的組合與主題」『四川文物』1990年6期.
周到·李京華, 「唐河針織廠漢畫像石墓的發掘」『文物』1973年6期.
中國美術全集編輯委員會編, 『中國美術全集』卷19, 石刻線畫, 1989.
中國社會科學院考古研究所, 『滿城漢墓發掘報告』文物出版社, 1980.
鎭江市博物館, 「鎭江東晋畫像塼墓」『文物』1973年4期.
湯池, 「東魏茹茹公主墓壁畫試探」『文物』1984年4期.
咸陽市文管會·咸陽市博物館, 「咸陽市空心塼漢墓淸理簡報」『考古』1982年3期.
陝西省考古研究所唐墓工作組, 「陝西西安東郊蘇思勗墓淸理簡報」『考古』1960年1期.
陝西省考古研究所·西安交通大學, 「西安交通大學西漢壁畫墓發掘簡報」

『考古與文物』1990年4期.
陝西省文物管理委員會, 「西安東郊唐墓淸理記」『考古通信』1956年6期.
陝西省文物管理委員會, 「長安縣南里王村唐韋泂墓發掘記」『文物』1959年8期.
陝西省文物管理委員會, 「唐永泰公主墓發掘簡報」『文物』1964年1期.
陝西省文物管理委員會, 「陝西省三原縣雙盛村隋李和墓淸理簡報」『文物』1966年1期.
陝西省文物管理委員會·禮泉縣昭陵文管所, 「唐阿史那忠墓發掘簡報」『考古』1977年2期.
陝西省博物館·乾縣文敎局唐墓發掘組, 「唐章懷太子墓發掘簡報」『文物』1972年7期.
陝西省博物館·乾縣文敎局唐墓發掘組, 「唐懿德太子墓發掘簡報」『文物』1972年7期.
陝西省博物館·文管會, 「唐李壽墓發掘簡報」『江漢考古』1974年9期.
陝西省社會科學院考古研究所, 「陝西咸陽唐蘇君墓發掘」『考古』1977年2期.
湖南省博物館·中國科學院考古研究所, 『長沙馬王堆1號漢墓』文物出版社, 1973.
呼林貴·孫鐵山·李恭, 「西安東郊國棉五廣漢墓發掘簡報」『文博』1991年4期.

다) 일본

守永知子, 「南北朝における 青龍·白虎圖」『美術史研究』23, 1986.
林巳奈夫, 「中國古代の玉器、琮について」『東方學報』60, 京都,1988.
齊藤忠,「中國古代墳墓の壁畵の中の墓主圖と四神圖」『壁畵古墳の系譜』後篇第1章第3節(『日本考古學研究』2, 學生社) 1989.
東潮, 「北朝·隋唐と高句麗壁畵」『國立歷史民俗博物館研究報告』80, 1999.

Abstract

A Study of Four Deities(四神) of the Chinese Han(漢)~T'ang(唐) Dynasties

Ho-tae Jeon(Professor, Department of History & Culture, University of Ulsan)

The expression of Four Deities(四神) were found regularly in artefacts and sites of Early Han dynasty(前漢). By the middle period of Early Han dynasty, Four Deities were all expressed in artefacts and sites as a style of first stage. Originally, Four Deities were regarded as directional deities. For example, people thought that Blue Dragon(靑龍) was a guard deity of east, or of left. It is not until the late period of Early Han dynasty that those character of Four Deities were reflected in the expression of artefacts and sites.

Some regional differences have been found in the expression of Four Deities during the period of Han to Wei-Chin(魏·晋) dynasties. The conception of Four Deities were arranged at Shaanxi(陝西), the center of Chin(秦) and Han(漢) dynasties, in the middle period of Early Han dynasty. Also Four Deities were usually expressed with the round jade(璧) in artefacts and sites of Shaanxi. The ancient Chinese people believed that the jade had the ability of revival, and they put the conception of revival and that of immortality in the same category. Therefore, Four Deities were regarded as guards of the gate of Immortal world.

In Henan(河南), Four Deities were usually expressed with sun and moon, as the constellations of Heaven in engraved stones of tombs, because Four Deities were regarded as symbols of constellations of Heaven. Four Deities were expressed as guards of Dead, and the house of Dead, the next world of Dead in artefacts and sites of Shandong(山東). People thought that the next world of Dead must be Immortal world. So Dead and his family hoped that Dead lived in Immortal world after death. Because of these reason, the role of Four Deities as guards of the next world was very important.

In Sichuan(四川), the expression of Four Deities were found in engraved stones of coffins which were made in the Late Han dynasty(後漢). Four Deities were expressed with the round jade and gates of Heaven in engraved stones of coffins at Sichuan. Because the hostess of Heaven was Shi-wang mu(西王母), who manage the life of man and Immortal world, Four Deities were guards of Immortal world where all the lives enjoyed eternal life. As a conclusion, Four Deities were regarded as symbols of constellations of Heaven and guards of the gates of Immortal world during the Han to Wei-Chin(魏·晋) period.

The expression of Four Deities were usually found in artefacts and sites of Northern and Southern dynasties period(南北朝) to Sui-T'ang dynasties(隋·唐). The style of expression and level of conception about Four Deities were different according to the regions and periods. Four Deities were members of many divine animals in engraved blocks of tombs of Southern dynasties. In artefacts and sites of Southern dynasties, Four Deities were guides to Immortal world for Dead. Four Deities were only motifs of mural paintings during the first half period of Northern dynasties, but during the second half period, those became most important motifs. Like the period of Southern dynasties, Four Deities were guides for Dead to new land like Immortal world in Northern dynasties.

Four Deities were expressed in artefacts and sites of Sui-T'ang dynasties(隋·唐). However the relative importance of motifs of Four Deities were descended from those of Sui-T'ang dynasties, and the level of expression of Four Deities were felt down. Four Deities, which were expressed at walls of tomb's corridors, were not so dynamic and divine as those of Northern dynasties' sites. It may be because that the belief and conception of Four Deities were weakened in these periods. Till the late period of T'ang, the expression of Four Deities took on the stage of formality.

찾아보기